BEM-VINDOS

a Portuguese language book

by Cintia Stammers B.A., Dip.Ed.

Edited by
Carmo Ponte B.A., Ph.D.
Juliet Perkins B.A., Ph.D.

Illustrated by
Irene Guerriero

Acknowledgements

The author and the editors would like to thank the Calouste Gulbenkian Foundation for its financial assistance towards the preparation of this book; King's College London for the use of their recording facilities; all at Images for their help; The Grange School of Languages, Worcester; Edna M.S.Whalley, Isabel Westhead, Lucília Holmes, Nicky Parr, Alison Caswell, Maria Lúmen Rodrigues and Peter Bull for their comments and contributions; the following publications for the use of their material: Folha de São Paulo, Correio da Manhã, O Expresso, Diário de Notícias e Veja. The author would particularly like to thank Don, George and Jon for their comments and patience.

Every effort has been made to contact the copyright holders of all articles, illustrations and advertisements. The publishers apologize for any omissions and will be pleased to make the necessary arrangements at the first opportunity.

Published in 1992 by
The Self Publishing Association Ltd,
Units 7/10, Hanley Workshops,
Hanley Swan, Worcs.

© Cintia Stammers 1992

This book is copyright. No part of it may be reproduced in any form without prior permission in writing from the publisher except by a reviewer who wishes to quote brief passages in connection with a review written for inclusion in a newspaper, magazine, radio or television broadcast.

British Library Cataloguing in Publication Data

A catalogue record for this book is available from
The British Library

ISBN 1 85421 177 3

Printed and Bound in Great Britain by
Hartnolls Limited, Bodmin, Cornwall.

Unidades 1-10 - GETTING BY - DANDO UM JEITINHO

	Functions/ Situations	Grammar	Page

1. INFORMAÇÃO PESSOAL (ABOUT YOURSELF) — 1
1. Bom dia! — introducing oneself — ser
2. Informação — giving information about yourself — possessives
3. Onde é? — asking where a place is — qual? / onde?
Pronúncia: /eu/ /esh/ /kwa/ /ki/ /nh/ — Nos. 0-9

2. VOCÊ E OS OUTROS (YOU AND OTHER PEOPLE) — 5
1. Como está? — introducing friends/ greetings — estar
2. O que é que faz? — asking about occupations — possessives
3. Como se chama isto em português? — spelling words — este/ aquele
Pronúncia: /m/ /n/ and nasal m, n — Nos. 10-19

3. NO CAFÉ (EATING AND DRINKING) — 9
1. Que deseja? — ordering food and drink — queria
2. Tem sorvetes? — asking if something is available — ter
3. O que é que não está bem? — complaining — adjectives
Pronúncia: /eu/ /éu/ /ãu/ /i/ /õ/ — Nos. 20-100

4. LUGARES (DIRECTIONS) — 14
1. Onde é? — asking if there is a service nearby — haver
2. Para onde? — stating where you want to go to — para...
3. Qual é a estrada? — asking directions — prepositions
Pronúncia: silent h /kwa/ /k/ Nos. 100-1000

5. ALOJAMENTO (ACCOMMODATION) — 19
1. No hotel — asking for a room — poder
2. Pode me fazer um favor? — asking a favour — me = a mim
3. Permitido/ Proibido — asking permission to do something
Pronúncia: /s/ /z/ /sh/ — Nos. 1000 +

6. TEMPO E DINHEIRO (TIME AND MONEY) — 24
1. Que horas são? — telling the time — verbs abrir/ fechar
2. A que horas abre? — timetables — preposition *a*
3. No banco — changing money
Pronúncia: /ch/ /lh/ /nh/

7. VIAJANDO E PASSEANDO (GOING PLACES) — 30
1. Quer ir? — invitations — querer
2. A que horas parte? — timetables — chegar, partir
3. Qual é o caminho? — directions — ir, vir, querer
Pronúncia: /j/ /g/

8. COMPRAS (SHOPPING) — 37
1. Onde posso comprar selos? — information about shopping — pronouns o,a,...
2. Comprando roupas — indicating preference — preferir
3. De que precisamos hoje? — expressing need — precisar
Pronúncia: diphthongs /ei/ /oi/ /ya/ etc.

9. SERVIÇOS (SERVICES) — 43
1. Telefonando — using the phone
2. Não me sinto bem — talking about health — sentir-se
3. Onde dói? — parts of the body
Pronúncia: X /sh/ /s/ /ks/ /z/

10. GOSTOS (LIKES AND DISLIKES) — 48
1. Gosta de teatro? — asking about and expressing taste — gostar X gostaria
2. A que horas começa? — making suggestions
3. Gosto, mas prefiro... — indicating preference
Pronúncia: ditongos nasais (nasal diphthongs)

Unidades 11-20   BUILDING UP - MELHORANDO O SEU PORTUGUÊS

	Functions/ Situations	Grammar	Page
11. INFORMAÇÃO PESSOAL (ABOUT YOURSELF)			53
1. De onde é?	nationalities	gender	
2. Onde mora?	describing where you live	present tense	
3. Trabalho, estudo e lazer	everyday activities	adverbs of frequency	
12. PROFISSÕES (OCCUPATIONS)			59
1. O que faz?	talking about occupations	present tense	
2. Como é o seu trabalho?	expressing opinion about work		
3. Como ele é?	describing people	conhecer / saber	
13. SERVIÇOS E PEDIDOS (SERVICES AND REQUESTS)			64
1. No restaurante	requesting a table at a restaurant	poder/ podia	
2. A lista	describing dishes	isso, aquilo, isto	
3. Na alfândega	explaining what objects are for		
14. LUGARES (DIRECTIONS)			69
1. Como faço para chegar?	giving directions	imperative mood	
2. Toma cuidado!	giving advice		
3. No correio	intentions		
15. ALOJAMENTO -CASAS E APARTAMENTOS (ACCOMMODATION)			74
1. Alojamento	booking accommodation	gostava e gostaria	
2. Lar Doce Lar	giving instructions	imperative mood	
3. Alguma coisa errada?	complaining		
16. HORAS (TIME)			78
1. De volta ao trabalho	describing a holiday	past tense	
2. O que fez ontem?	describing past actions	há tanto tempo	
3. A que horas começou?	talking about timetables	começar / terminar	
17. PLANOS (PLANS)			82
1. O que vai fazer?	invitations	future ir + verb	
2. Planos	discussing plans for the future		
3. O tempo	talking about the weather		
18. COMPRAS (SHOPPING)			85
1. Preciso de um maior	explaining what is wrong	comparatives	
2. Trocas	exchanging goods		
3. Já não há/ Não tem mais	listing what there is / what there isn't		
19. SAÚDE E TELEFONE (HEALTH AND TELEPHONE)			89
1. Que está a fazer?	explaining what you are doing now	present continuous	
2. Chamadas telefônicas	reasons and excuses	comparing past and	
3. O que aconteceu?	describing an accident	future	
20. OPINIÃO (OPINIONS)			94
1. O melhor filme que já vi	comparing people and places	superlatives	
2. Desculpando-se	excusing oneself		
3. O futebol	buying tickets and discussing sports		

Unidades 21-30 - SPEAKING PORTUGUESE - CONVERSANDO EM PORTUGUÊS -

	Functions/ Situations	Grammar	Page
21. ESTUDO, TRABALHO E LAZER (WORK, STUDY AND LEISURE)			100
1. Estudos e empregos	talking about work and study	comparing past, present, future	
2. O meu trabalho	expressing time and duration	expressions of time and frequency	
3. Está contente?	saying how you feel	subjunctive - imperfect	
22. FESTAS (FESTIVALS)			104
1. Dias especiais	greetings for special occasions	pensar/ achar	
2. A família	talking about families	Impersonal SE	
3. Como está?	expressing pleasure, sympathy	brief introduction to subjunctive - present	
23. DE QUE É FEITO? (WHAT IS IT MADE OF?)			108
1. De que é feito?	explaining how and where something is made	passive voice	
2. Quando vai ser entregue?	ordering goods		
3. Um presente	choosing a present		
24. TRANSPORTES (TRANSPORT AND DIRECTIONS)			113
1. Estacionamento proibido	making corrections and suggestions	brief introduction to subjunctive - future	
2. Se tomarmos à esquerda	giving instructions about places		
3. Vamos de bicicleta?	making suggestions and comparing means of transport		
25. ALOJAMENTO (ACCOMMODATION)			117
1. Campo ou cidade?	comparing places	tanto ... como	
2. Como era?	describing how it used to be	Imperfect tense	
3. A janela estava quebrada	describing places		
26. TEMPO E DINHEIRO (TIME AND MONEY)			122
1. O que fazia todo dia?	talking about regular actions	imperfect	
2. Eu gostava tanto de línguas	talking about school		
3. Queria abrir uma conta	bank services		
27. VIAJANDO (TRAVELLING)			126
1. Uma viagem diferente	choosing tours, trips	prepositions	
2. Reservas	booking a trip	question tags	
3. Vale a pena viajar?	discussing the pros and cons of travelling	negative words	
28. COMPRAS, TROCAS E CONSERTOS (SHOPPING, EXCHANGING, REPAIRING)			130
1. Ofertas especiais	comparing prices and goods	superlatives	
2. Perdi a carteira	lost property	perfect / imperfect	
3. Não funciona	explaining what is wrong		
29. SERVIÇOS (SERVICES)			135
1. Queria fazer uma chamada	telephoning/ making arrangements	past continuous	
2. O que aconteceu?	describing accidents/ asking for help		
3. Saúde e beleza	discussing diets		
30. GOSTOS E PREFERÊNCIAS (TASTES, PREFERENCES)			139
1. Adoro tanto ver como jogar	comparing present and past and future activities	indicative present, past and future	
2. Detesto futebol	giving reasons for preferences		
3. Como será?	giving opinions about the future	simple future	

A NOTE FOR TEACHERS

BEM-VINDOS is based on communicative methods and a functional-situational approach. However, grammar still plays an important role in the learning of a Latin language. Students need to have some idea of what is past, present or future simply because that will make their life easier when trying to communicate.

BEM-VINDOS is divided into thirty units. The building up of vocabulary and grammatical structures is done in a cyclical way. Thus, in Unit 1, students will talk about themselves; the structures used are few and simple. In units 11 and 21 students will talk about themselves again, but the structures and the functions used will be more elaborate. This repetition gives students the opportunity to revise the vocabulary used for that situation while learning new functions and new structures. It also brings out confidence and encourages fluency. Students work and learn as if in a spiral, starting from a small point in the centre and building up to wider horizons.

Teachers may choose to use the course book in a "horizontal" way once in a while. For instance, if students are keen on shopping, the teacher should feel free to teach units 8, 18 and 28 one after the other, bearing in mind, however, that talking about the same subjects for weeks on end may make lessons become repetitive.

COMMUNICATION

Learning should never be a painful or boring experience. Learning a language need not be repetitive in a negative way. For example, students do not have to master the present tense before they can learn the past tense. They should be encouraged to use all tenses, even if not one hundred per cent correctly.

THE 30 UNITS

Each unit is divided into three parts in order to give both teacher and learner more freedom on how much to study in one lesson. There is usually a dialogue or a short reading piece to introduce the subject, followed by plenty of opportunity for oral practice. After that come the written exercises and listening tasks recorded in the cassette.

Units 1 to 10 have an extra, short section on pronunciation. The teacher should reserve a few minutes during the lesson to practise it with the students.

At the end of each unit there is a summary of the functions learned and the grammatical structures practised. Students should be encouraged to have a look at them at home as well.

Translation is not used in the book, but it should not be completely ignored. It will depend on the individual student and the teacher how they feel about it.

There are no specific games or special gimmicks to go with each unit, but teachers can add their favourite comments, games, songs, rhymes, etc. to suit the age, level and needs of the group.

Teaching and learning should be fun. Keep it simple, and happy teaching!

AOS PROFESSORES

BEM-VINDOS é um curso baseado em métodos comunicativos e situacionais. Porém, as estruturas gramaticais ainda têm um papel importante no aprendizado de uma língua latina. Os estudantes precisam ter alguma idéia do que significam o passado, o presente e o futuro, apenas porque isto os ajudará a comunicarem-se melhor.

BEM-VINDOS tem trinta unidades. O aprendizado do vocabulário e das estruturas gramaticais é feito de uma maneira cíclica. Desse modo, na Unidade 1 os alunos falam a respeito de si mesmos. O vocabulário é simples e são poucas as estruturas usadas. Nas unidades 11 e 21 os alunos voltam a falar sobre si mesmos, mas então as estruturas e as funções serão mais elaboradas. Esse método dá aos alunos a oportunidade de revisarem o vocabulário usado naquela situação enquanto eles aprendem novas funções e estruturas gramaticais. Isso também desperta a confiança e ajuda a fluência. O aprendizado funciona como se fosse uma espiral.

Os professores também podem escolher de, uma vez ou outra, usar o livro de maneira "horizontal". Por exemplo, se os alunos querem aprender tudo que há sobre compras, o professor pode optar por ensinar as unidades 8, 18 e 28 uma em seguida da outra. Mas eles devem lembrar-se também que a repetição das mesmas situações podem fazer com que os alunos percam interesse nas aulas.

COMUNICAÇÃO

O aprendizado de uma língua não deve jamais ser uma experiência cansativa ou dolorosa. Nem deve ser repetitivo de maneira negativa. Por exemplo, os alunos não precisam saber o tempo presente de todos os verbos para então começarem a aprender o passado. Os alunos devem ser estimulados a usarem todos os tempos principais, mesmo se estes não estiverem cem por cento corretos. Com a prática, aos poucos os estudantes aprenderão todos.

AS 30 UNIDADES

Cada unidade é dividida em três partes para dar tanto ao professor como ao aluno mais liberdade na escolha de quanto deve ser estudado numa lição. Cada parte começa com um pequeno diálogo ou leitura. Seguem-se exercícios escritos e exercícios orais que se encontram na cassete.

As unidades de 1 a 10 contém um grupo de palavras para a prática da pronúncia. É aconselhável reservar alguns minutos da aula para a prática desses sons particularmente difíceis.

No final de cada unidade há um resumo das funções aprendidas e das estruturas gramaticais praticadas. Esse resumo deve fazer da tarefa para casa.

Tradução não é usada no livro, mas ela não deve ser totalmente ignorada. Vai depender dos alunos e professores quanto e como ela deve ser usada.

Jogos ou truques específicos não fazem parte de nenhuma unidade no livro. Porém, os professores podem fazer uso de todos os seus joguinhos e canções preferidas de acordo com a idade, o nível e as necessidades do grupo.

Acima de tudo, aprender e ensinar precisam ser tarefas agradáveis. Assim sendo, mantenham as suas aulas simples, e boa aula!

OBS.

(P) segue uma palavra ou expressão usada principalmente ou somente em Portugal.

(BR) segue uma palavra ou expressão usada principalmente ou somente no Brasil.

/ / na secção **Prática** indica que as palavras entre barras podem ser substituídas pelas palavras alternativas.

🖭 significa que o texto ou diálogo se encontra gravado na cassete.

N.B.

(P) follows a word or expression used mainly or only in Portugal.

(BR) follows a word or expression used mainly or only in Brazil.

/ / in the **Prática** section means that the words or phrases between bars can be exchanged for alternative ones.

🖭 indicates that a passage is recorded on the audio-cassete.

unidade 1
primeira unidade

1. BOM DIA !

(Marta arrives at the hotel and introduces herself to the receptionist, explaining she has a reservation)

Hóspede	Bom dia. Sou Marta Alves. Tenho uma reserva.
Recepcionista	Desculpe, pode repetir?
Hóspede	Meu nome é Marta Alves.
Recepcionista	Obrigada. Um momento, por favor.

Prática

I - *No hotel:*
Estudante 1 = *hóspede*
Estudante 2 = *recepcionista*
E1   Bom dia./ Boa tarde./ Boa noite.
       Sou........ Tenho uma reserva.
E2   Como? Qual é o seu nome?
E1   ..../ O meu nome é ....
E2   Obrigado./ Obrigada. Um momento.

II - *Ask and say your name:*
E1   *(ask what his/her name is)*
E2   *(say your name)* Sou..../ Meu nome é.....
E1   *(ask him/her to repeat)* Pode repetir?
E2   *(say your name again)*
E1   *(say thank you)*
E2   *(say not at all)*

BANCO DE PALAVRAS
bom dia
boa tarde
boa noite
obrigado
obrigada
de nada
por favor
faz favor
desculpe
Pode repetir?

Leitura

(These people are introducing themselves:)   *(introduce yourself:)*

Olá, o meu nome é Luís Pereira.   Olá, o meu nome é Marta Alves.   Olá, o meu nome é ....
Sou português.   Sou brasileira.   Sou .....
Sou de Lisboa.   Sou do Rio de Janeiro.   Sou de ...

2. INFORMAÇÃO

Recepcionista   Qual é a sua morada?
Hóspede   É Rua dos Açores, 4. Porto.
Recepcionista   E qual é o seu número de telefone?
Hóspede   65 32 19.
Recepcionista   Obrigado.
Hóspede   De nada. Até logo.
Recepcionista   Até logo.

OS NÚMEROS
0 zero
1 um
2 dois
3 três
4 quatro
5 cinco
6 seis
7 sete
8 oito
9 nove

Prática
E 1 Qual é a sua morada(P)?/ o seu endereço(BR)?
E 2 ....
E 1 Qual é o seu número de telefone?(P)/ o seu telefone?(BR)
E 2 ....

(Can you fill in these forms at the hotel?)   Pode preencher a ficha, por favor?

Nome _____
Endereço _____
Bairro _____ CEP _____
Cidade _____ Estado _____
CIC _____ Telefone _____
Data ___/___/___ Assinatura _____

Nome _____
Morada _____
Localidade _____ Cod Postal _____
Idade _____ Profissão _____
Emprego _____
Telefones
Casa _____

Leitura

MARTA ALVES
Av. Copacabana, 7
Apto. 1112
Tel. 278 61 42

Henrique Soares
Rua Dom Henrique, 9
Tel. 290 32 76

Eng. Luís António Morais Pereira
Av. da república, 5
1º andar - Dir.
Tel. 35 87 90

unidade 1

3. ONDE É?

Recepcionista   Bom dia.
Hóspede   Desculpe, onde é o bar?
Recepcionista   É ali em frente.
Marta   Muito obrigada.

Prática
E 1   Desculpe, onde é o bar/ o restaurante/ a sala de conferências/ etc.
E 2   É ali à esquerda/ à direita/ em frente.
E 1   Obrigado./ Obrigada.

BANCO DE PALAVRAS
em frente ↑
à direita →
à esquerda ←

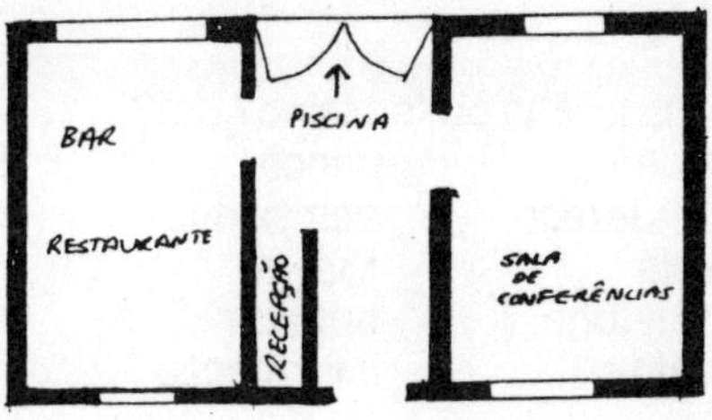

Situação
(You are at the information desk - i - at the airport)
Você: Desculpe, onde é o telefone/ o banco/ ....?
Empregado: É ali em frente. / à direita. / à esquerda.

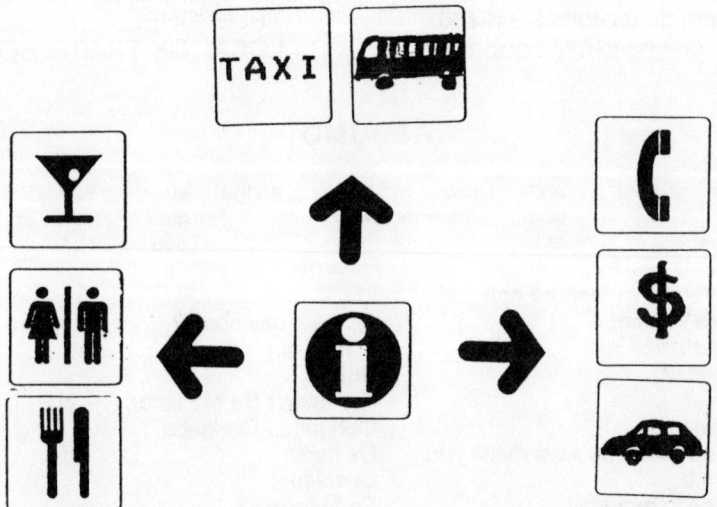

BANCO DE PALAVRAS
o aluguer de carros(P) = o aluguel de carros(BR)
a paragem dos autocarros(P) = o ponto ou a parada de ônibus
a praça de táxis(P) = a praça ou o ponto de táxis(BR)
a toalete = o lavabo = a casa de banho (P) = o banheiro (BR)

três 3

unidade 1

EXERCÍCIOS

1. O seu, a sua, o meu, a minha?
a. Qual é ..... nome?
b. .... nome é Pedro Souza.
a. Qual é ..... endereõo?
b. ......é Rua do Ouro, 7.

2. Complete o diálogo:
Você: ....
Paulo: Meu nome é Paulo Santos.
Você: ....
Paulo: é Rua da Luz, 6.
Você: ....
Paulo: é 287-5103
Você: Obrigado.
Paulo: ....

3. masculino ou feminino? o/a?
_ nome   _ banco
_ endereço   _ aeroporto
_ sala   _ toalete
_ telefone   _ entrada
_ saída   _ informação

4. Qual é o número?
três - sete - quatro -dois - seis - cinco ....
cinco - oito - nove - zero - sete - sete ....

Leitura
(Read the text and fill in the "ficha")
Olá. Meu nome é Pedro Oliveira.
Sou do Rio de Janeiro, no Brasil,
mas moro em Portugal, na Rua Castilho.
O meu número de telefone é 249760.
Trabalho no Aeroporto Internacional.

A FICHA
NOME.........................
MORADA/ ENDEREÇO............
TELEFONE......................
LOCAL DE TRABALHO..............

RESUMO

Pronúncia

quiosque	qual	onde	não		minha	eu	sou
esquerda		bom	informação		meu		
aluguer		em			seu		

Funções (You have learned how to:)
1. *ask someone's name:*   Qual é o seu nome?
   say what your name is: O meu nome é ......
   introduce yourself: Sou ....
   say please: Por favor./ Se faz favor.
   say thank you: Obrigado./ Obrigada.
   answer when someone says thank you: De nada.
   say excuse me: Desculpe.
   ask someone to repeat: Pode repetir?
2. *ask someone's address:*   Qual é a sua morada? (P)
       Qual é o seu endereço? (BR)
3. *ask where a place is:*   Onde é ... ?

Gramática *(You have practised:)*
O verbo SER - Ex: Sou .... Onde é?
Os números: 0 - 9
Os possessivos: meu   minha   seu   sua
Os pronomes interrogativos: Qual?   Onde?

unidade 2
segunda unidade

1. COMO ESTÁ?

Marta	Olá, Henrique, como está?
Henrique	Muito bem, e você?
Marta	Estou bem, obrigada.
	Esta é a minha amiga Ana.
Henrique	Muito prazer.
Ana	Muito prazer.

Prática

I - *(Greeting your friends)*

E 1   Olá como está?/ Olá, como estás? / Oi, como vai? (BR) / Tudo bem?/ /Tudo bom?
E 2   Estou bem./ Muito bem./ Tudo bem./ Tudo bom.   E você?
E 1   Bem, obrigado/ obrigada.

II - *(Introducimg your family and friends)*

E 1   Este é o meu marido, ...(nome). / Esta é a minha mulher, ...(nome)./
         Este é o meu amigo ...../ Esta é a minha amiga ..../
         Este é o meu filho...../ Esta é a minha filha..../
         Este é o meu pai,..../ Esta é a minha mãe,.....
         Este é o meu irmão..../ Esta é a minha irmã....
E 2   Muito prazer.

Leitura

UM POUCO DE MEXERICO

(António and Paulo are at a party.)

António	Quem é aquela menina? Ela é bonita.
Paulo	É a Maria José.
António	Ela é tua irmã?
Paulo	Não, não é minha irmã.
António	Ela é a tua namorada, então?
Paulo	Também não.
António	E quem é o rapaz com ela?
	É o irmão dela?
Paulo	Não, não é o irmão dela.
António	Não? Quem é ele, então?
Paulo	Ele é o marido dela.
António	Ah, compreendo.

Vocabulário:
quem = *(who)*   bonita = *(beautiful)*
menina = *(girl)*   namorada = *(girlfriend)*
rapaz = *(young man)*
compreendo = *(I see = I understand)*

Perguntas:
What's the girl's name?
Who is the man next to her?

2. O QUE É QUE FAZ?

A Marta é jornalista.
O Luís é engenheiro.
O Henrique também é engenheiro.
A Teresa é fotógrafa e dona-de-casa.

Prática

(*Ask your partner what he/she does.
If your occupation is not on the list
ask your teacher to help you.*)

E 1   O que é que faz?
E 2   Sou * ...... E você?/ E ele? / E ela?
E 1   Sou * ...../ É * ....

> *BANCO DE PALAVRAS
> estudante
> jornalista
> comerciante
> professor / professora
> engenheiro / engenheira
> dona-de-casa
> aposentado/ aposentada
> reformado / reformada (P)
> fotógrafo/ fotógrafa
> secretária
> gerente
> médico / médica

3. COMO SE CHAMA ISTO EM PORTUGUÊS?

Peter Como se chama isto em português?
Pedro Bola.
Peter Como se escreve?
Pedro B-O-L-A.

 isto   aquilo

O ALFABETO

A (a)   I (i)   R (erre)   K (cá, capa)
B (be)   J (jota)   S (esse)   W (dábliu)
C (ce)   L (ele)   T (te)   Y (ípsilon)
D (de)   M (eme)   U (u)
E (e)   N (ene)   V (ve)
F (efe)   O (o)   X (xis)
G (ge)   P (pe)   Z (ze)
H (agá)   Q (que)

Prática
E 1   Como se chama isto em português?
E 2   ......
E 1   Como se escreve:
E 2   .....

Aplicação
(Ask your friends what their surnames are:) apelido (P) / sobrenome (BR)
E 1   Qual é o seu apelido / sobrenome?
E 2   ....
E 1   Como se escreve?
E 2   ....

MAIS NÚMEROS:

10 - dez   15 - quinze
11 - onze   16 - dezasseis (P) / dezesseis (BR)
12 - doze   17 - dezassete (P) / dezessete (BR)
13 - treze   18 - dezoito
14 - catorze   19 - dezanove (P) / dezenove (BR)

unidade 2

EXERCÍCIOS

1. Informação pessoal:
Marta Alves é brasileira.
Ela é do Rio de Janeiro.
Ela é jornalista.

(Now do the same for these people:)
Marina dos Santos - portuguesa; Lisboa; secretária
António Carvalho - brasileiro; Salvador; professor.
Linda de Souza - angolana; Luanda; professora
José Luís da Silva - português; o Porto; médico
Sérgio Monteiro - moçambicano; Maputo; engenheiro

2. Leia e complete: *(Read and fill in the blanks:)*
Olá. ..... Catarina dos Santos. ..... sou enfermeira e dona-de-casa. Esta é a minha familia. . .... é o .... marido, João. ..... é engenheiro.
..... é o .... filho Henrique. ..... é estudante.
..... é a minha filha Marina. .... é secretária.
E .... é a ..... filha Isabel. .... é professora.

3. Agora responda: *(Answer the questions:)*
- O que é que a Catarina faz? ....
- O que é que o João faz?......................
- O que é que a Isabel faz? ....

4. Palavras Cruzadas
Write down the numbers in full

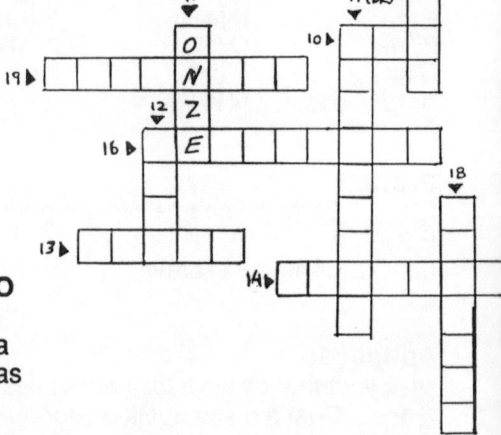

RESUMO

Pronúncia

meu	muito	quinze	minha
amiga	bom	onze	minhas
como	momento	bem	

Funções *(You have learned how to:)*
1. *ask someone how she/he is:*   Como está? / Como vai?
   say how you are: Muito bem, obrigada/ o.
   introduce someone: Este é o meu marido....
2. *ask about someone's occupation:* O que faz? / O que é que faz?
   say what you do: Sou estudante.
3. *ask the name of an object:*   Como se chama isto em português?
   ask about spelling: Como se escreve?

Gramática *(You have practised:)*
Os verbos ESTAR (irregular), CHAMAR e FAZER (irregular)
Os pronomes interrogativos: quem?   como?
Os pronomes pessoais: eu, tu, você, ele, ela
Os pronomes possessivos: meu, teu, seu, etc.
Os pronomes demonstrativos: este, esta, aquele, aquela; isto, aquilo

unidade 3
terceira unidade

1. QUE DESEJA?

No bar:

Em Portugal: 🖭   *No Brasil:* 🖭

Freguês	Faz favor!		Freguês	Por favor, garçom!
Empregado	Que deseja?		Garçom	Pois não?
Freguês	Uma bica, por favor.		Freguês	Um café, por favor.
Empregado	Mais alguma coisa?		Garçom	Mais alguma coisa?
Freguês	Uma sandes de queijo.		Freguês	Um sanduíche de queijo.
Empregado	Está bem.		Garçom	Está bem.
.....			.....	
Freguês	Quanto é?		Freguês	Quanto é?
Empregado	São noventa escudos.		Garçom	São noventa cruzeiros.
Freguês	Obrigado.		Freguês	Obrigado.
Garçom	Obrigado, Boa tarde.		Empregado	Obrigado. Boa tarde.

Prática

Estudante 1 = empregado/empregada /garçom/ garçonete
Estudante 2 = freguês/ freguesa

E1 Que deseja? / Pois não?
E2 Uma bica/ Um café/ .... por favor/ faz favor.
E1 Mais alguma coisa?
E2 Um.../ Uma ..../ ou Mais nada, obrigado./ obrigada.

E2 Quanto é?/ A conta, por favor.
E1 São ......escudos/ cruzeiros.
E2 Obrigado./ Obrigada.

A EMENTA (P)		O MENU (BR)	
garoto	35$00	café	35,00
galão	45$00	média	35,00
chá	50$oo	chá	40,00
leite	30$00	leite	30,00
chocolate quente	70$00	chocolate quente	70,00
água mineral	55$00	água mineral	55,00
cerveja	80$00	cerveja	80,00
imperial	90$00	chopp	90,00
laranjada	70$00	laranjada	70,00
sumo de frutas	89$00	suco de frutas	89,00
refrigerantes	50$00	refrigerantes	60,00
batido	86$00	milk-shake	85,00
		vitamina	75,00
bolo	58$00	bolo	58,00
pastel	60$00	pastel	60,00
sandes de queijo	70$00	sanduíche de queijo	70,00
sandes de fiambre	80$00	sanduíche de presunto	80,00
sandes mista	80$00	sanduíche misto	80,00
tosta	90$00	sanduíche quente	90,00
torrada com manteiga	40$00	torrada com manteiga	40,00
pão com manteiga	20$00	pão com manteiga	20,00

> fresca = gelada X sem gelo = natural
> com açúcar ≠ sem açúcar
> com gás ≠ sem gás = natural

2. TEM SORVETES? TEM GELADOS?

Freguês	Tem gelados?
Empregado	Temos, sim. Temos de natas, chocolate e morango.
Freguês	Queria um gelado de natas. Quanto é?
Empregado	Setenta e cinco escudos.
Freguês	Obrigado.

Prática

Estudante 1 = freguês/ freguesa
Estudante 2 = empregado/ empregada

I-
E1   Tem gelados?/ Tem sorvetes?
E2   Temos, sim. Temos ....
E1   Queria um de ....   Quanto é?
E2   São ...... escudos/ cruzeiros.
E1   Obrigado./ Obrigada.

II-
E1   Tem gelados/ sorvetes?
E2   Sinto muito, mas não temos.

20 SABORES

natas	chocolate	cereja	framboesa
coco	pêssego	flocos	caramelo
abacaxi	morango	banana	maracujá
baunilha	brandy	café	amêndoas
nozes	avelã	laranja	limão

3. O QUE É QUE NÃO ESTÁ BEM?

No bar:
Freguês	Por favor!
Empregado	Sim, senhor?
Freguês	Meu café está frio.
Empregado	Ai, desculpe. Trago outro rapidinho.

Prática
No bar: Estudante 1 = empregado/ empregada
         Estudante 2 = freguês/ freguesa = cliente

E1	Por favor!
E2	Sim, senhor?
E1	*....
E2	Desculpe. Trago outro rapidinho.

Situação
No restaurante:
Freguês	Por favor!
Garçom	Pois não?
Freguês	A conta está errada.
Garçom	Um momento. Vou verificar.

Leitura

(António Soares works in a bar-pastelaria. Here he tells us why today is not a typical day.)

Hoje nada está bem. Não temos eletricidade. Os frigoríficos não funcionam. Portanto, a cerveja está morna, a água está morna, e não temos gelados. Não temos café, e o chá está frio. O pão e os bolos estão velhos.

What is wrong with the drinks?
What is wrong with the food?
Why don't they have any ice cream today?

Vocabulário
nada = *(nothing)*
eletricidade(BR) ou electricidade(P) = *(electric power)*
funcionam, verbo funcionar = *(to work)*
portanto = *(so, therefore)*

*BANCO DE PALAVRAS
Meu   café   está frio.
Meu   chá   está frio
Meu   sanduíche está velho
Minha sandes está velha.
Minha cerveja está morna.
Nossos cafés estão frios.
Nossos chás   estão frios.
Nossas cervejas estão mornas.
Nossas sandes não estão boas.
Nossos sanduíches não estão bons.

EXERCÍCIOS

1. Os plurais:　　Ex.: *um café - dois cafés*　　*uma cerveja - duas cervejas*
um garoto - _____
um sanduíche - _____
um pastel - _____
uma água mineral - _____
uma imperial - _____
um galão - _____

2. Está ou estão?
Meu café _____ frio.
Minha cerveja ____ ruim.
Nossos refrigerantes _____ mornos.
Nossa conta _____ errada.

3. Complete com o pronome possessivo:

Ex.:　　(eu)　O <u>meu</u> café está frio.
　　　　(ele)　O café <u>dele</u> está frio.

a. (nós) Os .... chás estão frios.

b. (eu) A.........torrada está fria.

c. (você) O .... bolo está bom?

d. (vocês) As ....torradas estão quentes?

e. (nós) A ....água mineral está morna.

f. (nós) As .... laranjadas estão frescas.

g. (eu) O......... sorvete não está bom.

h. (ele) A laranjada...........está morna.

i. (ela) O pastel .... está velho.

j. (eles) As cervejas .... estão frescas.

l. (elas) Os sorvetes............estão bons.

4. Ligue os pontos nesta ordem: *(Join the dots in this order:)*

dezenove, trinta, dezoito, oitenta, quarenta e um, catorze, dezessete, dezesseis, zero, noventa, nove, setenta, quinze, onze, cinquenta, quarenta, vinte e quatro, quarenta e nove, oitenta e um, treze, cem, setenta e oito, noventa e seis, vinte e um, sessenta.

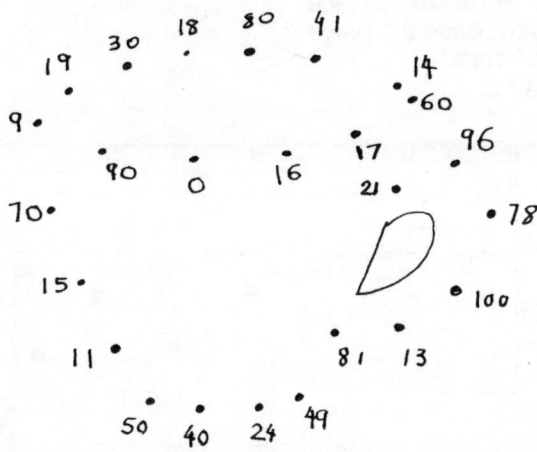

RESUMO

Pronúncia

/au/	/eu/	/éu/	/ãu/	/ã/	/i/	/õ/
mau	meu	pastel	pão	manteiga	sim	bom
mineral	eu			estão		com

Funções *(You have learned how to:)*
1. ask for a coffee: Queria um café, por favor.
   ask about the price: Quanto é?
   say how much it costs: São ..... cruzeiros.
2. ask if a product is available: Têm sorvetes?
   give a positive answer: Temos, sim.
   give a negative answer: Não, não temos.
3. complain: Meu café está frio.
   say I'm sorry: Desculpe. / Sinto muito.

Gramática *(You have learned:)*
Os pronomes possessivos
Os números: 20- 100
Os verbos TER (irregular) e QUERER = eu *queria*.

unidade 4
quarta unidade

1. ONDE É?

Turista	Faz favor, há um banco aqui perto?
Guarda	Há sim. Há um ali na praça.
Turista	Desculpe, onde é a praça?
Guarda	Ali em frente.
Turista	Obrigado.

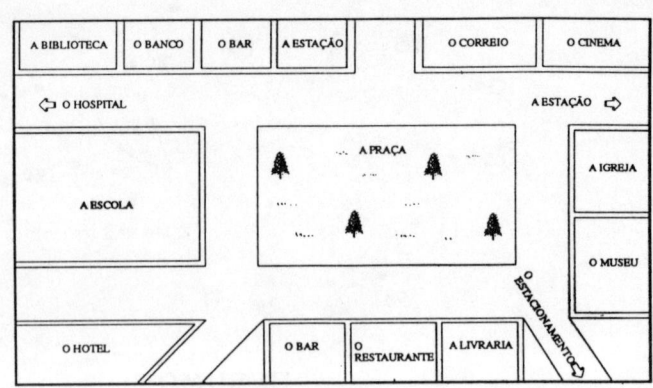

A é ao lado de B

A é em frente de B

A é atrás de B

A é perto de B

A é entre B e C

Prática

Estudante 1 = hóspede
Estudante 2 = recepcionista

I - Há uma farmácia aqui perto? / Tem uma farmácia aqui perto? (BR)
E1 (Ask the receptionist if there is, nearby:)
 - uma farmácia
 - um banco
 - um bom restaurante
 - uma livraria
E2 (Say yes, there is / or / no, there isn't)

II - Onde é?
E1 (Ask where these places are)
 - o correio
 - o hospital
 - o estacionamento
 - a biblioteca
 - a estação
 - o cinema
 - o museu
E2 (Say where they are)

unidade 4

2. PARA ONDE?

No táxi:
Turista   Para o aeroporto, se faz favor.
Taxista   Sim, senhor.
No aeroporto:
Taxista   Chegamos.
Turista   Quanto é?
Taxista   São quatrocentos (400), se faz favor.
Turista   Aqui tem quinhentos. Pode ficar com o troco.
Taxista   Obrigado.

Prática

Estudante 1 = turista
Estudante 2 = taxista

| BANCO DE PALAVRAS |
| o aeroporto |
| a praia |
| o jardim botânico |
| a estação |
| o porto |

E1   Para ....*......., por favor.
E2   Sim, senhor/ senhora.
E2   Chegamos.
E1   Quanto é?
E2   São quatrocentos / quinhentos /......   escudos / cruzeiros.
E1   Aqui tem .... Pode ficar com o troco.
E2   Obrigado./ Obrigada.

Situação

a) *No táxi sem taxímetro (in a taxi without a meter):*
Turista   Quanto é a corrida (BR) / a viagem (P) para...*...?
Taxista   São 900 cruzeiros / escudos.
Turista   É muito caro. 800 cruzeiros / escudos?
Taxista   Está bem.

b) *Na estação dos autocarros(P) / estação rodoviária(BR):*
Turista   Um bilhete para Coimbra/ São Paulo/ ..., se faz favor.
Empregado   Simples ou de ida e volta?
Turista   .... Quanto é?
Empregado   São 300/600 escudos.

c) *Na estação do caminho de ferro(P)/ estação ferroviária (B):*
Turista   Um bilhete para Sintra/ Campinas/ ..., se faz favor.
Empregado   Ida ou ida e volta?
Turista   ....
Empregado   Primeira ou segunda classe?   simples = de ida
Turista ....Quanto é?   de ida e volta
Empregado   São ...... escudos.

quinze 15

unidade 4

MAIS NÚMEROS

100 = cem	600 = seicentos	150 = cento e cinquenta
200 = duzentos	700 = setencentos	250 = duzentos e cinquenta
300 = trezentos	800 = oitocentos	
400 = quatrocentos	900 = novecentos	
500 = quinhentos	1000 = mil	

3. QUAL É A ESTRADA PARA LISBOA?

Turista   Por favor, qual é a estrada para Lisboa?
Pedestre   A estrada à direita é melhor.
Turista   Está bem. Obrigado.

Prática

Estudante 1 = turista
Estudante 2 = pedestre / guarda

I-
E1   Desculpe,/ Por favor, qual é a estrada para *.....
E2   É aquela estrada à direita/ à esquerda/.....

II - Na estação:

E1   Faz favor,/ Por favor,/ Desculpe,   *Sintra
       este é o comboio(P)/ trem(BR) para *..?   Coimbra
E2   É, sim. / Não, não é.   São Pedro
                                                Santos

III - Na estação:

E1   Faz favor, qual é o comboio/trem para *...?
E2   É aquele ali, na linha/plataforma 2/3/4...
E1   Obrigado/a.

EXERCÍCIOS

1. Onde é?
Ex. Onde é a estação do metrô?
É na Praça da República.

o cinema (Avenida Ipiranga)
o hotel (Largo do Arouche)
o estacionamento (Rua Rego Freitas)
o restaurante (Rua General Jardim)
o escritório (Avenida Vieira de Carvalho)

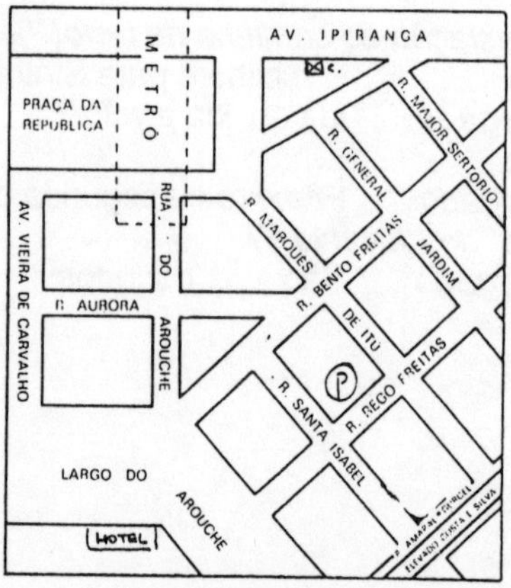

16 dezasseis (P) / dezesseis (BR)

2. em frente de? atrás de? ao lado de? entre?
A igreja é ....(o) parque.
O castelo é .... (o) hotel.
A biblioteca é ....(o) hotel.
O correio é .... o parque e o banco.
O banco é .... (o) correio e ....(o) hotel.

de + o = do
de + a = da

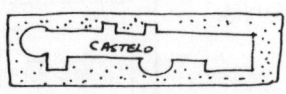

RUA SÃO MIGUEL

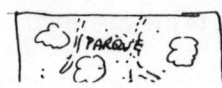   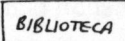

3. What are these tickets for?

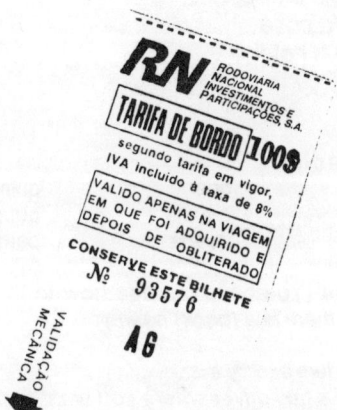

unidade 4

4. É? Há? Tem?
____ um cinema aqui perto?
Onde ____ o cinema?
Onde ____ o parque?
____ um telefone aqui?

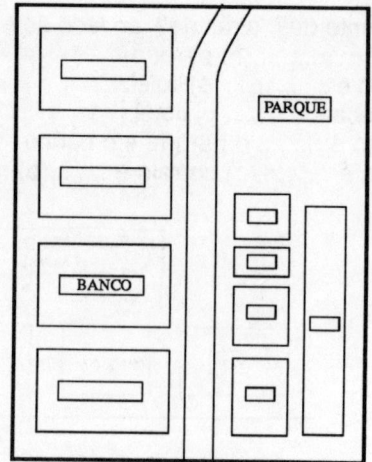

Exercícios orais
I. Listen to the tape and fill in the blanks:
 Onde é?
a farmácia
o correio
o restaurante
o bar
 a estação

II. Listen to the three short dialogues and choose one of the answers:
 Para onde?
1. Para o aeroporto.
 Para a estação.
2. Para o porto.
 Para o aeroporto.
3. Para a praia.
 Para o hotel.

RESUMO

Pronúncia

há	que	quinze	qual
hotel	aquele	quinhentos	quatro
hospital	queria	parque	quarenta

Funções (You have learned how to:)
1. ask if there is a (bank) nearby: Há um (banco) aqui perto?
                                               Tem um (banco) aqui perto? (BR)
   ask where exactly it is: Onde é o (banco)?
2. to tell a taxi driver where you want to go: Para o (aeroporto).
   to ask for a ticket: Um bilhete para (Lisboa).
3. to ask if you are on the right train: Este é o comboio para Coimbra? (P)
                                               Este é o trem para Santos? (BR)
   to ask which is the right road: Qual é a estrada para..?

Gramática (You have learned:)
O verbo *haver* - há   Ex.: *Há* um banco aqui perto?
As preposições: ao lado de, em frente de, atrás de, entre.
As contrações: preposição + artigo. ex: *ao, no, do*, etc.
O pronome interrogativo: *Qual* - Ex.: *Qual* é a estrada para Lisboa?

unidade 5

quinta unidade

1. NO HOTEL

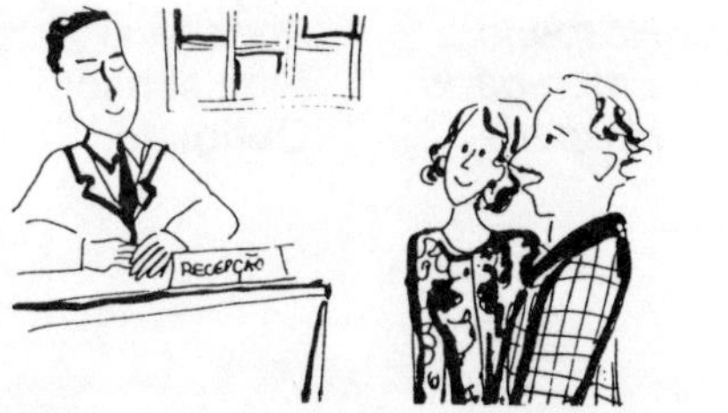

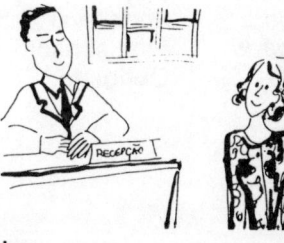

Recepcionista Boa tarde.
Turista Boa tarde. Tem um quarto vago?
Recepcionista Para quando?
Turista Para hoje e amanhã.
Recepcionista Para quantas pessoas?
Turista Para uma pessoa.
Queria um quarto simples, com banho.
Recepcionista Um momento.
Sim, temos o quarto 201.
Turista Quanto é o quarto?
Recepcionista O simples é 3.000 por noite.
Turista Está bem.
Recepcionista Tem um documento, por favor?
Turista Aqui está.
Recepconsta Obrigado. Aqui está a sua chave.

APARTHOTEL SOL E MAR

HOTEL SANTOS

ALBERGUE DA JUVENTUDE

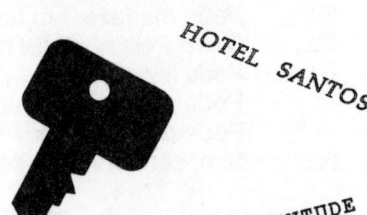

Prática

Estudante 2 = turista
Estudante 1 = recepcionista

I-
E1 (Ask if there is a double room available)
E2 (Ask when for)
E1 (Say when you want it for and for how many nights)
E2 (Ask how many people)
E1 (Say it is for two)
E2 (Say that you have room 12 available)
E1 (Ask how much the room is)
E2 (Say it is 4.500 per night)
E1 (Say it is OK)
E2 (Ask for a document and ask the tourist to fill in the form)

> BANCO DE PALAVRAS
> quarto simples = quarto de solteiro
> quarto duplo = quarto de casal
> quarto com cama de casal
> quarto com duas camas

II-
E1 *(Ask if there are two rooms available for tonight)*
E2 Desculpe, mas não temos. O hotel está cheio.
E1 *(Ask if there is another hotel nearby)*
E2 Há um outro ali à esquerda, a uns cem metros.
E1 *(Say thank you, good bye)*

POUSADA DOM HENRIQUE

III - *No parque de campismo (P) / No camping (BR)*
E1 Tem vagas?
E2 Para tenda ou caravana (P)?/ barraca ou trailer (BR)?
E1 Para ......
E2 Para quantos dias?
E1 Para ..... dias.
E2 Temos, sim. Um momento, por favor.

ESTALAGEM CAMPO GRANDE

2. PODE ME FAZER UM FAVOR?

Hóspede	Pode me fazer um favor?
Empregado	Sim?
Hóspede	Pode levar as malas para o quarto?
Empregado	Sim, senhor.
Hóspede	Obrigado.

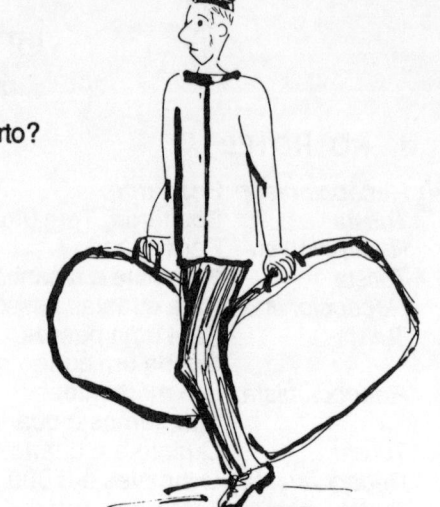

Prática

Estudante 1 = Hóspede
Estudante 2 = Empregado

E1	Pode me fazer um favor?
E2	Sim?/ Pois não? (BR)
E1	Pode levar as malas para o quarto/ para o carro?
	Pode me mostrar onde é o quarto 201?
	Pode me dizer onde é o banco/ a farmácia/ .....?
E2	Sim, senhor./ Sim, senhora. / Com certeza./ Com prazer.

Extensão

Na rua

E1	Pode me mostrar onde é o banco/ o museu/... , por favor?
Pedestre	É ali à direita/....

No restaurante

E1	Pode me reservar uma mesa, por favor?
Gerente	Para quando?
E1	Para .....(dia) às .... horas.
Gerente	Para quantas pessoas?
E1	Para ..... pessoas.
Gerente	Em que nome?
E1	....
Gerente	Está bem, está reservada.

QUANDO?	A QUE HORAS?	
segunda-feira	à uma hora	1:00/ 13:00
terça-feira	às duas horas	2:00/ 14:00
quarta-feira	às oito horas	8:00/ 20:00
quinta-feira	às nove horas	9:00/ 21:00
sexta-feira	ao meio-dia	12:00
sábado	à meia-noite	24:00
domingo		

Leitura

O horário das refeições

Café-da-manhã (BR): das 7.00 às 10.00
Almoço: das 13.00 às 15.00
Jantar: das 19.00 às 21.00

> TAMBÉM SE DIZ:
> o café da manhã (BR) = o pequeno almoço (P)
> a lista de preços = o preçário

A lista de preços

Diária simples (alojamento e pequeno almoço) = 3.000$
Diária de casal (alojamento, pequeno almoço) = 4.500$
Diária com meia pensão (alojamento, pequeno almoço e uma refeição) = adicionar 1.500$ por pessoa.
Diária com pensão completa (alojamento, pequeno almoço e duas refeições) = adicionar 2.500 por pessoa

3. PERMITIDO / PROIBIDO

PROIBIDO ACAMPAR
Posso acampar aqui?

PROIBIDO ESTACIONAR NOS DIAS ÚTEIS
Posso estacionar aqui hoje?

ENTRADA PROIBIDA
Posso entrar?

PROIBIDO FUMAR
Posso fumar aqui?

NÃO HÁ VAGAS
Posso ficar neste hotel?

FECHADO
Posso entrar?

PERIGO !
Posso nadar aqui?

VENENO
Posso beber isto?

OCUPADO
Posso usar a toalete?

LIVRE
Posso usar a toalete?

Prática

(Look at the signs and then ask questions like the example below)
E1   Posso entrar?/ Posso usar o toalete ? / Posso ....
E2   Não, não pode.
E1   Porquê?
E2   Porque é proibido. / Porque está ocupado. / .....

unidade 5

EXERCÍCIOS

1. You have decided to stay at a hotel. Write a note to the manager and ask him/her to book you a room.

Sr. Gerente,

Pode reservar ..(1).... quarto ......(2)......(3) ..... banho, para ..(4).... dias, do dia ..(5).. ao dia .(5)...de setembro, em nome de...(6)....? Queria diária....(7)...

Agradeço e aguardo confirmação.

...(8).......

(1) How many rooms?
(2) single or double?
(3) with or without a bath?
(4) for how many days?
(5) date of arrival and departure
(6) in what name?
(7) b&b? half board? full board?
(8) sign and write your address

2. Os dias da semana:
Hoje é segunda-feira. Amanhã é ....
Hoje é sábado. Amanhã é ....
Hoje é quarta-feira. Amanhã é ....
Hoje é sexta-feira. Amanhã é ....
Hoje é domingo. Amanhã é ......

3. Complete com o verbo PODER:
a. Por favor, eu .... telefonar?
b. ....sim.

a. Desculpe, nós .... nadar na piscina?
b. Sinto muito, mas hoje não ......

4. Leia os anúncios e responda :

Where is the Hotel Bela Vista?
What do I have to do to qualify for a discount?
Can I have full board?

What kind of rooms can I get at Green Village Hotel?
Where is the hotel?

5. *Is breakfast included in the price?*
What about room service?
What would you choose for breakfast?

Café da Manhã

A fim de evitar demora no atendimento, solicitamos a gentileza de preencher este formulário, colocando-o na parte externa da porta, antes de recolher-se.

NOTA: O preço do café da manhã tipo "CONTINENTAL BRASILEIRO", está incluído na sua diária, quando servido no RESTAURANTE entre 06:00 e 10:00 horas. Fora deste horário será considerado extra. Lembramos ainda que em qualquer horário será cobrada uma taxa de "Room Service" quando o café da manhã for servido no apartamento, equivalente a 50% do preço do café completo, constante do cardápio de Room Service.

- SUCO DE FRUTAS
- FRUTAS FRESCAS
- BISCOITOS, PÃES, BOLO
- GELÉIA/MANTEIGA/MEL
- CEREAIS
- CHOCOLATE
- CHÁ   COM LIMÃO
- CAFÉ
- QUEIJO, PRESUNTO
- LEITE   FRIO   QUENTE

Café da manhã "à la carte" (Extra)
- UM OVO QUENTE   DOIS OVOS QUENTES   MINUTOS
- OVOS FRITOS   OVOS MEXIDOS
- C/PRESUNTO   C/BACON
- OMELETE SIMPLES   CORNFLAKES
- OMELETE PRESUNTO
- OMELETE QUEIJO
- OMELETE MISTO
- MINGAU DE AVEIA

Hora Desejada para o Serviço

6:00 - 6:20 A.M.	7:20 - 7:40 A.M.	8:40 - 9:00 A.M.
6:20 - 6:40 A.M.	7:40 - 8:00 A.M.	9:00 - 9:20 A.M.
6:40 - 7:00 A.M.	8:00 - 8:20 A.M.	9:20 - 9:40 A.M.
7:00 - 7:20 A.M.	8:20 - 8:40 A.M.	9:40 - 10:00 A.M.

Apto. Nº _____   Nº de Pessoas _____
Assinatura _____   Data _____

Exercícios Orais
Listen to the conversation on the cassette and fill in the gaps below:

LISTA DE PREÇOS
             com banho   sem banho
Quarto de solteiro   _____   _____
Quarto de casal   _____   _____

RESUMO

Pronúncia

/s/	/z/	/sh/	/sh/ ou /s/
posso	mesa	chave	estar
terça	reserva	chamar	português
sete	prazer	chá	pastel
cerveja	quinze	xícara	escudos
pessoa	zero	chávena	quartos

Funções *(You have learned how to:)*
1. *ask for a room:*	Tem um quarto?
say when you want it for	Para hoje.
say for how many people:	Para uma pessoa.
say you have a reservation:	Tenho uma reserva.
2. *ask a favour:*	Pode me fazer um favor?
make a reservation:	Pode me reservar uma mesa?
ask for information:	Pode me dizer onde é?
3. *ask permission:*	Posso nadar aqui?
say whether it is permitted:	É permitido.
or prohibited:	É proibido.

Gramática *(You have practised:)*
O verbo PODER (irregular)
O pronome ME = a mim   Ex. Pode *me* fazer um favor?

unidade 6
sexta unidade

1. QUE HORAS SÃO?

Hóspede   Que horas são, por favor?
Recepcionista   São três horas.
Hóspede   Obrigada.

Prática

E1   Que horas são, por favor? /
       /Tem horas?
E2   São três horas./ É uma hora/ etc.

HORAS
1:00   É uma hora.
12:00   É meio-dia.
24:00   É meia noite.
2:00   São duas horas.
3:00   São três horas.

2:00   São duas horas da madrugada
14:00   São duas horas da tarde.
8:00   São oito horas da manhã.
20:00   São oito horas da noite.

MINUTOS
1:05   uma e cinco
1:10   uma e dez
1:15   uma e quinze/ e um quarto
1:20   uma e vinte
1:25   uma e vinte e cinco
1:30   uma e trinta/ e meia
1:35   uma e trinta e cinco /
       duas menos vinte e cinco /
       vinte e cinco para as duas
1:40   uma e quarenta/ etc.
1:45   uma e quarenta e cinco /
       duas menos um quarto /
       quinze para as duas
1:50   duas menos dez / etc.
1:55   duas menos cinco / etc.

2. A QUE HORAS ABRE O MUSEU?

No Centro de Turismo de Ouro Preto, Brasil:

Turista	Boa tarde. Tem um mapa da cidade, por favor?
Empregada	Temos este aqui. É grátis.
Turista	Obrigada. A que horas abre o museu, por favor?
Empregada	O Museu de Mineralogia abre ao meio-dia e fecha às cinco horas.
Turista	Muito obrigada.
Empregada	De nada.

Prática

Estudante 1 = Turista
Estudante 2 = Empregado/a

E1   A que horas ..... abre/abrem, por favor?
E2   Abre / Abrem à/ às/ ao..........
         e fecha/ fecham à/ às/ ao ....

Leitura

ANÚNCIOS:

LOJAS
horário:
das 9H às 13H
e
das 15H às 19H

BANCOS
horário:
das 10:00
às 16:00

BIBLIOTECA
das 9H da manhã
às 7H da noite

SHOPPING CENTER
das 10:00 às 23:00

MUSEU E GALERIA DE ARTE
 Horas de abertura:
das 11H00 às 16H00
de terça-feira a domingo

BUATE-RESTAURANTE
Aberta das 20:00
às 4:00
fechada segunda-feira

FARMÁCIA DE SERVIÇO
aberta toda a noite
Hoje: Farmácia "Bom Dia"

Leitura

OURO PRETO

Teatro, Museus e Galerias de Arte
Teatro Municipal de Ouro Preto (Casa da Ópera): de 13 às 17 horas
Museu da Inconfidência: de 13 às 17h30min
Museu de Mineralogia da Escola de Minas: de 12 às 17h.

OBS: Na segunda-feira somente o Museu de Mineralogia
está aberto à visitação

Which museum is open on Mondays?
When is the theatre open?

3. NO BANCO

Turista	Bom dia. Posso trocar libras?
Empregada	Com certeza. Em cheques de viagem ou notas?
Turista	Cheques de viagem. Queria trocar duzentas libras, por favor.
Empregada	Qual é a sua morada aqui em Portugal?
Turista	Hotel Grão Vasco, Porto.
Empregada	Pode assinar aqui?
(o turista assina)	
Empregada	Pode receber na caixa.
Turista	Obrigado.

Prática

Estudante1 = turista
Estudante2 = funcionário/a do banco

E1 (Say good morning and ask if you can exchange pounds)
E2 (Say of course and ask if they are in travellers cheques or bank notes)
E1 (Answer and say how many pounds you want to exchange)
E2 (Ask for the passport and ask for his/her address in Portugal/ Brazil)
E1 (Answer)
E2 Pode assinar aqui, por favor? Pode receber na caixa.
E1 (Say thank you and good bye)

CÂMBIO INDICATIVO

EUA	Dólar	142$089
Alemanha	Marco	85$932
França	Franco FR	25$268
Grã-Bretanha	Libra	247$790
Espanha	Peseta	1$3720
Un. conta da CEE	ECU	175$874
Itália	Lira	0$11449
Holanda	Florim	76$388
Bélgica	Franco belga	4$1784
Suíça	Franco suíço	95$079
Japão	Iene	1$1027
Suécia	Coroa sueca	23$699
Noruega	Coroa Norueguesa	21$947
Dinamarca	Coroa Dinamarquesa	22$169
Irlanda	Libra irlandesa	229$461
Grécia	Dracma	0$74545
Canadá	Dólar canadiano	120$084
Áustria	Xelim	12$212
Finlândia	Markka	31$419
África do Sul	Rand	49$830
Austrália	Dólar australiano	107$135
Macau	Pataca	17$774

EXERCÍCIOS

1. Que horas são?
2:30 .... 2:30 ....
1:05 .... 5:20 ....
12:45 .... 4:55 ....
24:00 .... 7:15 ....

2. **Leitura**

TRÊS HISTÓRIAS BRASILEIRAS

João e Ana Maria têm uma padaria em São Paulo. Êles abrem a padaria às sete horas da manhã e fecham às nove horas da noite, todos os dias.

Dona Laura dos Santos é gerente do Banco Itá aqui no centro da cidade. O banco está aberto ao público das 10 às 16 horas, de segunda a sexta-feira.

O Sr. Eduardo Gomes tem um restaurante em Copacabana. Ele abre o restaurante ao meio-dia e fecha depois do almoço. Mais tarde, abre para o jantar às 6:30 e fecha quando o último freguês vai embora. O restaurante está fechado na segunda-feira.

TRÊS HISTÓRIAS PORTUGUESAS

António e Fátima têm uma padaria em Lisboa. Eles abrem a padaria às 8:00 e fecham-na às 6:00, de segunda a sexta-feira. Aos sábados eles fecham ao meio-dia. Aos domingos a padaria não abre.

O Sr.Martins é o gerente do Banco Ultramarino aqui na cidade. Ele abre o banco às 8:30 e fecha-o para o almoço às 11:45. O banco abre de novo às 13:00 e fecha às 15:00.

O Sr.Cruz tem um restaurante no Algarve. Ele abre-o ao meio dia e fecha-o às três. Depois, reabre-o às 7.30 e fecha-o por volta da meia-noite.

Vocabulário
de novo = *(again)*
gerente = *(manager)*
por volta da meia-noite = *(around midnight)*
o último freguês = *(the last customer)*

Now fill in the timetables below:

PADARIA LUZ DE LISBOA
aberta das ...... às ......
de segunda a ......
aos sábados: ....

PADARIA LUAR DE SÃO PAULO
aberta das .... às .... todos os dias

BANCO LUSITANO
aberto das .... às ......
fechado sábado e ....
fechado para o almoço das..... às ....

BANCO ITÁ
aberto das ..... às .....
fechado ....

RESTAURANTE SOL DO ALGARVE
aberto para o almoço das ..... às .....
e para o jantar das ..... às ......

RESTAURANTE SOL DE COPACABANA
fechado ....-feira

3. Bilhetes:
How much is the entrance fee to Sintra National Palace?
How much is the entrance fee to the Museum of Mineralogy?
At what time did Teresa go to the cinema? What day of the week was it?

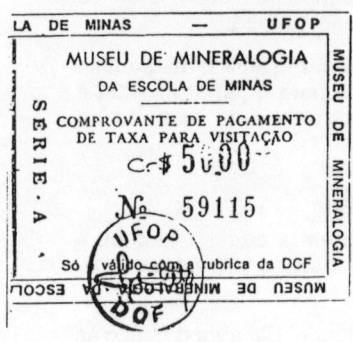
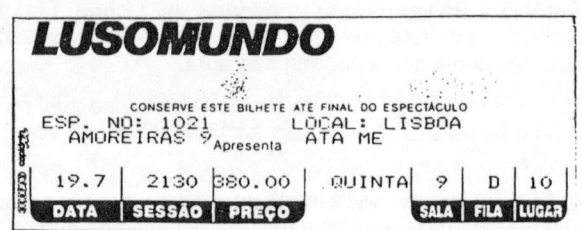

4. Os horários na Inglaterra:
Você pode escrever a seus amigos portugueses os horários na Inglaterra?
Os bancos abrem às....... e fecham às ......
As lojas ....
Os escritórios ....
As farmácias ....
As fábricas ....
Os supermercados ....
Os bares (pubs) ......
As bibliotecas abrem/ não abrem domingo.
Os museus .... aos domingos
às .... e fecham às ....

Exercício Oral

You phone the Turismo, but there is no one there. Instead, there is a recorded message. Listen to it and fill in the gaps.

As lojas abrem às .... horas e fecham às ...
Os supermercados abrem às .... e ....às ......
Os bancos abrem às ...... e fecham às ....
A farmácia Bom Dia ....

RESUMO

Pronúncia

You may have noticed that the letter H in the beginning of a word is not pronounced. In the middle of a word, it is used to change the sound of the preceding letter; it only occurs after C, L, or N.

horas	fechar	velho	manhã
hotel	chá	bilhete	amanhã
hospital	chamar	filho	quinhentos

Funções *(You have learned how to)*

1. ask what time it is:	Que horas são? / Tem horas?
say what time it is:	São duas horas. / É uma hora.
2. ask for information about times	A que horas fecha?
give information about times:	Fecha às 9 horas.
3. say you want to change money	Queria trocar ....
ask if you can change money	Posso trocar...?

Gramática *(You have practised:)*

As contrações da preposição A + artigos O, A, OS, AS = AO À AOS ÀS
Ex. à uma hora. ao meio-dia...Os verbos: ABRIR FECHAR
O verbo PODER (irregular): Possibilidade: *Posso* trocar dólares?
Favor: *Pode* assinar aqui?

unidade 7
sétima unidade

1. QUER IR?

(P)
Teresa Rosa, queres ir à praia hoje?
Rosa   Quero, sim. Mas como vamos?
Teresa Vamos de carro.
Rosa   Está bem. Estás pronta?
Teresa Estou. E tu?
Rosa   Eu também estou.
Teresa Então, vamos.

(BR)
Gabriela Ana, quer ir à praia?
Ana   Quero, sim. Mas como vamos?
Gabriela: Vamos de carro.
Ana   Tá bom. Você está pronta?
Gabriela Estou. E você?
Ana   Eu também estou.
Gabriela Então vamos.

Prática

I -
E1 Você quer ir / Queres ir .... hoje?
E2 Quero, sim. Mas como vamos?
E1 Vamos ....

II -
E1 Vocês querem ir ....?
E2 Queremos, sim. Mas como vamos?
E1 Vamos ....

AONDE?	QUANDO?	COMO?
à praia	hoje	de carro
ao cinema	amanhã	de autocarro(P)/ônibus (BR)
ao museu	hoje à tarde	de metro (P)/de metrô (BR)
à discoteca	hoje à noite	a pé
ao parque	amanhã de manhã	de bicicleta
às lojas	amanhã à tarde	de táxi
a São Pedro	depois de amanhã	de comboio (P)/ de trem (BR)

30 trinta

Extensão

We need some petrol. Let's fill the tanque (BR) *or* depósito (P).

Motorista	Pode encher, por favor?
Empregado	Gasolina super ou sem chumbo?
Motorista	Sem chumbo.
Empregado	Pronto. São dois mil e quinhentos.
Motorista	Obrigada.

BANCO DE PALAVRAS
Queria __ litros de   gasolina super
                            gasolina sem chumbo
Queria __ escudos de   gasolina comum (BR)
Queria __ cruzeiros de   álcool (BR)
                            óleo diesel (BR) / gasóleo (P)

Precisa de outros serviços?
Pode verificar o óleo, por favor?
Pode verificar os pneus?
Pode verificar a água?

TAMBÉM SE DIZ:
o posto de gasolina / a bomba de gasolina
o posto de serviço / a estação de serviço

unidade 7

2. A QUE HORAS PARTE?

(P) Na estação do caminho de ferro:

Turista	A que horas parte o primeiro comboio para o Porto, por favor?
Empregado	O primeiro parte às sete e um quarto.
Turista	A que horas chega ao Porto?
Empregado	Chega às dez e um quarto.
Turista	Queria dois bilhetes de ida e volta,
Empregado	Pois. São cinco mil e duzentos escudos.
Turista	Devo marcar lugar?
Empregado	Deve, porque é obrigatório.
Turista	Está bem. Há carruagem-restaurante?
Empregado	Não, não há.

(BR) Na estação rodoviária:

Turista	A que horas parte o último ônibus para São Paulo?
Empregado	Parte à meia-noite.
Turista	A que horas chega?
Empregado	Chega às seis e meia.
Turista	Queria dois bilhetes, por favor.
Empregada	São dois mil cruzeiros.
Turista	Devo marcar lugar?
Empregada	Deve. Aqui estão os bilhetes com os lugares marcados.

Prática

E1 = viajante, passageiro /a
E2 = bilheteiro /a

E1 A que horas parte o primeiro/o próximo /o último *....... para......?
E2 Parte às ....
E1 Queria ..... bilhetes de ida/ de ida e volta.
E2 São .... escudos./ cruzeiros.
E1 Devo marcar lugar?
E2 Deve./ Pode fazer, mas não é obrigatório.

> * BANCO DE PALAVRAS
> comboio (P) / trem (BR)
> camioneta (P) / ônibus (BR)
> autocarro (P) / ônibus (BR)

RÁPIDOS LISBOA-PORTO-BRAGA — SERVIÇO ALFA E INTERCIDADES

ESTAÇÕES	121 1-2	531 1-2	123 1-2	125 1-2	127 1-2	129 1-2	533 1-2	131 1-2	521 1-2
Lisboa (S. Apolón.) P	7 15	7 19	8 40	11 05	14 40	17 00	17 59	20 20	21 00
Entroncamento		8 21					—		
Pombal		9 00					19 35		
Coimbra-B		9 29	10 40	13 05	16 40	19 00	20 05		23 11
Aveiro		10 03	11 13	13 38	17 13	19 33	20 38		23 47
Ovar		—					20 58		
Espinho		10 32					21 12		
Vila Nova de Gaia	10 07	10 44	11 50	14 15	17 50	20 10	21 24	23 12	
Porto (Campanhã) C	10 15	10 54	12 00	14 25	18 00	20 20	21 34	23 20	
Porto (Campanhã) P		11 12					21 50		
Famalicão		11 48					22 28		
Braga C		12 14					22 56		

1-2 – 1.ª e 2.ª classes.

[1] – Comboio sujeito a suplemento «Serviço Alfa».
[2] – Na 2.ª classe dos comboios Alfa e Intercidades Lisboa/Braga e vice-versa, só podem viajar titulares de bilhetes inteiros ou de reduções incluídas na Tarifa Geral de Transportes.
[3] – A 1.ª classe dos Intercidades Lisboa/Braga e vice-versa, só é utilizável para o percurso total Lisboa/Porto, ou Famalicão, ou Braga e vice-versa.

HORÁRIOS DE ÔNIBUS

BH/BRASÍLIA
Viação Itapemirim - F.: 271.1019
Diário - 08:00 / 19:00 / 20:00 / 20:00 (leito) / 22:00
Viação Penha - F.: 201.2671
Diário - 20:00 / 21:15 / 2.ª, 4.ª, 6.ª e dom. 20:30 (via Curvelo) / 22:15

BH/RIO
Viação Útil - F.: 201.7446
Diário - 07:00 / 08:30 / 09:00 / 11:00 / 14:00 / 16:00 / 21:00 / 22:00 / 22:45 / 23:00 / 23:00 (leito) / 23:45 / 24:00 / 00:45 / 6.ª e dom. - 22:45 / 22:45 (leito) 23:00 / 23:00 (leito)
Viação Cometa - F.: 201.5611
Diário - 07:30 / 08:30 / 09:30 / 12:30 / 13:30 / 15:30 / 21:30 / 22:30 / 23:15 / 23:30 / 23:40 (leito)

BH/SÃO PAULO
Viação Impala - F.: 201.2827
Diário - 06:15 / 08:15 / 11:15 / 18:15 / 20:30 / 21:00 / 21:15 (leito) / 22:00 / 22:15 / 23:15 / 24:00
Viação Cometa - F.: 201.5611
Diário - 08:45 / 09:45 / 11:45 / 13:45 / 18:45 / 19:45 / 20:45 / 21:00 / 21:30 (leito) / 21:45 / 22:00 / 22:30 (leito) / 22:45 / 23:45

Extensão

Quanto tempo leva a viagem?

A viagem de comboio leva quatro horas e trinta minutos. (ou quatro horas e meia)
A viagem de avião leva ....
A viagem de ......
Mas eu não sei quanto tempo leva a viagem a cavalo!

PARTIDA DE LISBOA	CHEGADA A FARO	MEIO DE TRANSPORTE
12:00	12:45	de avião
12:00	19:30	de autocarro
12:00	16:30	de comboio
12:00	17:00	de carro
12:00	13:45	de helicóptero
12:00	?	a cavalo

Leitura

What do these notes mean?

LISBOA-ALGARVE

Estações		IR 871 ☻ [1]	IC 583 ☐ [R]	IR 881 [2] [3]	IC 585 ☐ [R]	IR 873 ☻ [1]
		1-2	1-2	1-2	1-2	1-2
Lisboa (T. do Paço)	P	8 25	14 10	16 35	18 00	18 30
Barreiro	C	8 55	14 40	17 05	18 30	19 00
Barreiro	P	9 05	14 52	17 20	18 45	19 15
Pinhal Novo		9 22		17 40		19 33
Setúbal		9 35		–		19 48
Tunes	C	12 53	17 52	20 57	21 46	23 08
Tunes	P	13 08	18 08	21 08	22 05	23 20
Portimão		13 53	18 48	21 56	22 55	0 06
Lagos	C	14 19	19 14	22 24	23 21	0 32
Tunes	P	12 58	17 56	22 06	21 52	23 13
Albufeira		13 06	18 04	22 14	22 00	23 21
Loulé		13 23	18 18	22 34	22 15	23 39
	C	13 38	18 31	22 54	22 28	23 56
Faro	P	13 46	18 41	22 57	22 57	23 59
Olhão		13 58	18 55	23 11	23 11	0 10
Tavira		14 26	19 27	23 48	23 48	0 38
V. R. Santo António	C	14 56	20 02	0 30	0 30	1 08
V. R. S. Ant.-Guadian.	C	15 00	20 05			

OBSERVAÇÕES

1-2 – 1.ª e 2.ª classe.

[1] – Carruagens directas Barreiro-Lagos e vice-versa.

[2] – Só admite passageiros para Grândola e além.

[3] – Só se efectua às sextas-feiras, excepto quando coincidam com feriado oficial, devendo neste caso a sua circulação efectuar-se no dia anterior.

[4] – Só se efectua aos domingos, excepto se segunda-feira coincidir com feriado oficial, devendo neste caso a sua circulação efectuar-se neste dia.

[5] – Efectua paragem em Alvor às 16-21 horas.

[R] – Marcação obrigatória de lugar.

☐ – Serviço de bar.

☻ – Serviço de mini-bar.

{ – Comboio não diário.

――― – Mudança de comboio.

----- – Carruagem directa

⋮ – Comboio com suplemento.

3. QUAL É O CAMINHO?

Turista	Por favor. Devo ir ao Posto de Informação. Qual é o caminho?
Guarda	Deve tomar a primeira rua à direita e seguir até o Largo da República. O Posto de Turismo é ao fundo da praça.
Turista	Muito obrigada.
Guarda	De nada.

Prática

I-
Estudante 1 = turista You want to visit several places in Sintra. Start from the Hotel
Estudante 2 = guarda

E1 Por favor/ Desculpe/ Devo ir ao *Museu dos Brinquedos. Como faço para chegar?
E2 Deve tomar....... /Deve seguir ......

* Museu dos Brinquedos (1)
Museu Regional (2)
Igreja de São Martinho (3)
Palácio de Sintra (4)
Palácio de Valença (5)

BANCO DE PALAVRAS
tomar
seguir
virar
dobrar
pegar

a primeira rua
a segunda rua
à esquerda
à direita
em frente
ao fundo / no fim

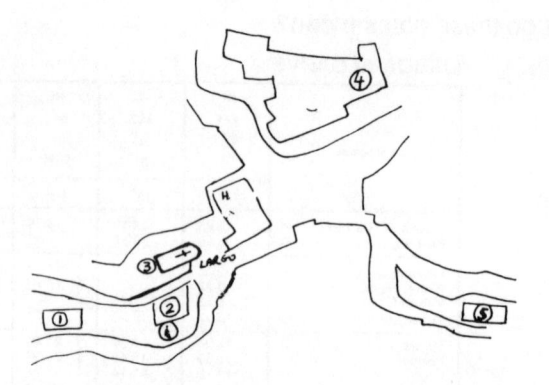

II - *Explain to your Portuguese or Brazilian friend how to get to your house:*

E1 = your Portuguese or Brazilian friend
E2 = you

E1   Vou de carro. Qual é o caminho de Londres para a sua casa?
E2   Deve tomar a estrada para .....e depois ....

E1   Vou de comboio / trem. Qual comboio / trem devo tomar?
E2   Deve tomar o comboio/ trem da estação .... e depois um táxi......

E1   Vou de autocarro / ônibus. Qual autocarro / ônibus devo tomar?
E2   Deve tomar o autocarro / o ônibus número.... até ...... e depois......

EXERCÍCIOS

1. *Read the timetable* - o horário - *and answer the questions:*

A que horas parte o primeiro comboio / trem de Faro para Lisboa?

A que horas parte o último comboio / trem de Lisboa para Lagos?

Quanto tempo leva a viagem de Lagos a Lisboa?

Intercidades IC
ALGARVE ⇌ LISBOA

2 Intercidades para ir. 2 para voltar.

O Serviço Intercidades Algarve/Lisboa oferece-lhe conforto e rapidez a preços reduzidos.

ALGARVE/LISBOA

LAGOS		13.40
PORTIMÃO		13.59
SILVES		14.12
FARO	07.20	14.02
LOULÉ	07.35	14.17
ALBUFEIRA	07.51	14.32
TUNES	08.01	14.53
BARREIRO	11.00	17.48
LISBOA (T. do Paço)	11.45	18.30

LISBOA/ALGARVE

LISBOA (T. do Paço)	14.10	18.00
BARREIRO	14.55	18.45
TUNES	17.54	21.39
ALBUFEIRA	18.07	21.52
LOULÉ	18.21	22.07
FARO	18.34	22.20
SILVES	18.27	
PORTIMÃO	18.42	
LAGOS	18.59	

* Tarifa Bónus

Tarifa Bónus
FARO / LISBOA
1.ª Classe 2 350$00   2.ª Classe 1 350$00

2. Como vai? a pé, de carro, de avião, de comboio?
Vou ao trabalho / à escola ....
Vou a Londres ....
Vou a Portugal ....
Vou ao Brasil ....
Vou ao supermercado ....
Vou às lojas ....
Venho à aula de Português ....

3. Write a letter to your Portuguese / Brazilian friends explaining how to get to your house.

Caros............
    Vocês vêm para Inglaterra. Que ótimo!
    De Londres, vocês .... a estrada para .... e depois a estrada para.........
    Vocês querem vir de comboio? Então .... o comboio na estação .... e depois um táxi ou o autocarro número ......
    Até logo!
    Abraços,
    ....

4. Complete com os verbos PODER, QUERER, ou DEVER
a. – Você ...... ir ao cinema hoje?
b. –......., sim.

a. – Eles .... nadar hoje?
b. – Não, hoje não ....

a. – Qual estrada eu .....tomar?
b. – .... tomar a estrada à esquerda

Exercício Oral
Listen to the announcements and answer the questions:

	A QUE HORAS?	DE ONDE?
camioneta para Coimbra	_____	_____
comboio para Lisboa	_____	_____
ônibus para São Paulo	_____	_____
ônibus para Salvador	_____	_____

RESUMO

Pronúncia

/j/
cerveja   gelado
queijo   jornal
jato   hoje

/g/
garoto   guia
diálogo   aluguel
água   obrigado
garagem

Funções *(You have learned how to)*
1. *make an invitation* : Você quer ir a.....
   answer to an invitation: Quero, sim.
   to ask how you are travelling: Como vamos?
   to decline an invitation : Lamento, mas não posso.
2. *to ask about timetables* : A que horas parte o próximo comboio para...?
   to buy tickets: Queria ..... bilhetes para....
3. *to ask the way to a place:* Qual é o caminho para....?
   to give directions: Deve tomar a estrada..........

Gramática *(You have practised)*
Os verbos regulares: CHEGAR   DEVER   PARTIR
Os verbos irregulares: IR   VIR   QUERER

unidade 8
oitava unidade

1. ONDE POSSO COMPRAR SELOS?

Na livraria:
Freguês	Tem postais?
Vendedor	Sinto muito, mas não temos.
Freguês	Sabe onde posso comprar postais?
Vendedor	Na papelaria.
Freguês	Obrigada

Na papelaria:
Freguês	Tem postais?
Vendedor	Temos sim. Estão ali. Pode escolher.
Freguês	Queria estes. Quanto custam?
Vendedor	Cinquenta cada um.
Freguês	Está bem. Tem selos para a Inglaterra?
Vendedor	Temos. Quantos?
Freguês	Três. Quanto é tudo?
Vendedor	Quatrocentos e trinta.
Freguês	Obrigado. Até logo.

Prática

Estudante 1 = freguês/ freguesa
Estudante 2 = vendedor / vendedora

I - *Na livraria:*
E1   Tem um guia da cidade?/ livros estrangeiros? / postais?/ selos?
E2   Temos sim./ Estão ali.....

II - *Onde?*
E1   Sabe onde posso comprar *.....?
E2   Ali no / na ...../ Não sei, desculpe.

* sapatos?
camisas?
relógios?
brinquedos?
livros?
presentes?
jóias?
bilhetes aéreos?
postais?
selos?
lembranças típicas?
chocolates?
envelopes?
gelados / sorvetes?

loja de brinquedos
livraria
loja de calcados
loja de roupas (BR) / loja de pronto-a-vestir (P)
loja de presentes
papelaria
boutique
banca de jornais (BR)/ quiosque (P)
agência de viagens
loja de souvenires
joalharia (P) / joalheria (BR)/ ourivesaria

unidade 8

2. COMPRANDO ROUPAS

Na LOJA DE PRONTO A VESTIR (P) 🔲

Freguesa	Bom dia. Queria ver aquela camisola, se faz favor.
Comerciante	Que tamanho?
Freguesa	Quarenta e dois (42).
Comerciante	Temos esta azul e esta verde.
Freguesa	Prefiro a verde. Posso experimentá-la?
Comerciante	Com certeza. Ali.
......	
Freguesa	Fica-me bem. Levo-a. Quanto é?
Comerciante	Dois mil escudos.

a camiseta (BR) / a camisola (P)

Na LOJA DE MODAS (BR) 🔲

Freguesa	Bom dia. Queria ver aquela camiseta, por favor.
Comerciante	Que número?
Freguesa	Quarenta e dois (42).
Comerciante	Temos esta azul e esta verde.
Freguesa	Prefiro a verde. Posso provar?
Comerciante	Claro! O provador é ali.
Freguesa	Fica bem. Levo esta. Quanto é?
Comerciante	Dois mil cruzeiros.

a saia

Prática

Estudante 1 = freguês / freguesa
Estudante 2 = comerciante

I -*Comprando roupas:*
E1   (Say you want to see a   )
E2   (Ask what size – o tamanho /o número)
E1   (Say your size if you know it)
E2   (Say what colours you have)
E1   (Say which one you prefer and
     ask if you can try it on – experimentar / provar)
E2   (Say where the fitting room is)
E1   (Say it fits you well. Say you'll take it.
     Ask how much it is)
E2   (Say how much it is)

BANCO DE PALAVRAS
DE QUE COR ?
verde
azul
amarelo
vermelho
castanho / marrom
preto
branco
rosa
roxo
cinza / cinzento
cor-de-laranja

a blusa

o vestido

a camisa

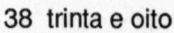

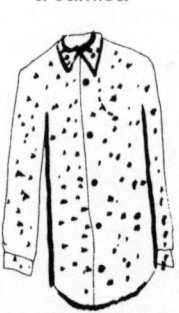

a calça

38   trinta e oito

II. Comprando sapatos:

E1   Queria ver uns sapatos como aqueles na montra (P) / vitrina (BR).
E2   De que cor?
E1   ......
E2   Que tamanho?
E1   ......

If you don't know your size, say:
 Não conheço os tamanhos portugueses / brasileiros.

BANCO DE PALAVRAS
um par de sapatos
sandálias
tamancos
botas
ténis (P) / tênis (BR)

a sandália

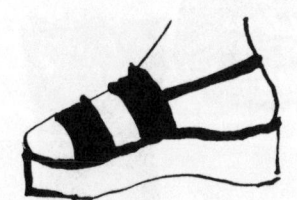

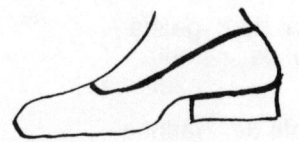

o sapato

o ténis (BR) / o ténis (P)

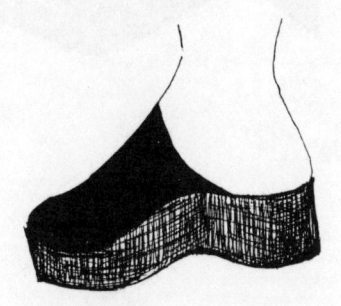

o tamanco

a bota

unidade 8

3. DE QUE PRECISAMOS HOJE?

Read the recipe below and then check the shopping list on the right.

A RECEITA
MOUSSE RAPIDA DE CHOCOLATE
200 gramas de chocolate
3/4 de xícara (180ml) de água fervente
4 ovos separados
1 colher (de chá) de baunilha
4 colheres (de sopa) de açúcar
1/4 de litro de creme de leite fresco, batido

A LISTA DE COMPRAS
PRECISAMOS DE:
1 pacote de chocolate amargo
meia-dúzia de ovos (ou 6 ovos)
1 garrafa de essência de baunilha
meio quilo de açúcar
1/4 (um quarto) de litro de
natas (P) / creme-de-leite (BR)

Prática

I - *De que precisa hoje?*
(Make your shopping list)

uma lata de	ervilhas
	azeitonas
	pêssegos em calda
um frasco de	geléia
um vidro de	mel
	azeitonas
um pacote de	farinha
	manteiga
	biscoitos / bolachas
	flocos de milho
uma garrafa de	vinho
	cerveja
	água mineral

1 kg (um quilo) de	tomates
1/2 kg (meio quilo) de	peixe
1/4 kg (um quarto de quilo) de	queijo
100 g (cem gramas) de	fiambre / presunto

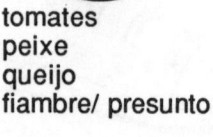

II - *Na mercearia*
Estudante 1 = freguês / freguesa
Estudante 2 = comerciante

E1 Bom dia. Queria uma lata de .....
E2 Grande ou pequena?
E1 ....E também um quilo / um meio quilo / de ......
E2 Mais alguma coisa?
E1 E um pão.
E2 Deste ou daquele?
E1 ......
E2 Mais alguma coisa?
E1 Mais nada, obrigado/a. Quanto é tudo?
E2 São mil quinhentos e trinta.

EXERCÍCIOS

1. Onde posso comprar?
Look at the adverts below and decide where you would go to buy:
crayons
shirts
a pair of trousers
shoes
writing paper
pens

charlot
BOUTIQUE-HOMENS
PARTICIPA
QUE ABRIU UMA
NOVA LOJA

PAPELARIA MARCIANO
CÓPIAS HELIOGRÁFICAS
ESPECIALIZADA EM ARTIGOS PARA DESENHO
GAMA VARIADA DE ARTIGOS ESCOLARES
E PARA ESCRITÓRIO

SAPATARIA
Para Si
CALÇADO PARA HOMEM, SENHORA E CRIANÇA

2. De que precisamos hoje?
Look at the pictures and fill in the list:

LISTA DE COMPRAS

.... de café.
.... de vinho.
.... de sopa.
.... de geléia.

3. O que a Marta comprou?
(What has Martha bought?)

Marque com um X:
(Tick the articles she bought:)

butter
peas
biscuits
milk
apples
pears
tomatoes
fish
bread
cereal

```
2 FLOCOS CEREALIS      194.0
2 MANTEIGA M/SAL       124.0
2 QUEIJO MAMA LUIS     533.0
2 BOLACHA BAUNILHA     178.0
2 BOLACHA BURTON'S     218.0
2 FLOCOS FROSTIES      261.0
3 LEN.FAC.SCOTTEX      115.0
1 PERA                 108.0
3 SABONE.GLICERINA
      2 X    76.0      152.0
1 TOMATE               126.0
2 WAFFER BAUNILHA      180.0
1 PAO                  100.0
1 GEMEOS                34.0
1 GEMEOS                34.0

15 TOTAL              2357.0

ESCUDOS               2557.0
TROCO                  200.0

IVA   S/IVA   V.IVA    TOTAL
 0%   402.0     0.0    402.0
 8%  1563.0   125.0   1688.0
17%   228.0    39.0    267.0
     -----------------------
     2193.0   164.0   2357.0

001 13  49 9971 20:46 22OUT91

TALAO INDISPENSAVEL PARA TROCA
         OBRIGADO
      PELA   VISITA
```

4. Complete com os pronomes:

    lo la los las   *o a os as*

Gosto da camisa. Posso prová-____?   Levo-_____
Gosto do vestido. Posso prová-____?   Levo-_____
Gosto dos sapatos. Posso prová-____?   Levo-_____
Gosto da saia. Posso prová-____?   Levo-_____
Gosto da calça. Posso prová-____?   Levo-_____
Gosto das sandálias. Posso prová-____?   Levo-_____

Exercício Oral

What did Maria buy?   How much did it cost?
....
....

RESUMO

Pronúncia

viagem	queijo	agência	papelaria
jóias	manteiga	relógio	padaria
quiosque	iguais	água	joalharia
geléia	postais	farmácia	livraria

Funções *(You have learned how to:)*
1. ask where you can buy something: Onde posso comprar selos?
2. say what article you prefer: Prefiro a verde.
    ask what colour: De que cor?
3. buy food at the grocer's: Queria uma garrafa de vinho.

Gramática *(You have practised:)*
Os verbos: PRECISAR de (regular)
                  PREFERIR (regular, except for *eu prefiro*)
Os pronomes: O A OS AS (see also LO LA LOS LAS)

unidade 9
nona unidade

1. TELEFONANDO

O Carlos telefona ao Henrique:
Carlos	Por favor, o Henrique está?
Teresa	Não, ele não está.
Carlos	A que horas ele chega?
Teresa	Por volta das 7 horas. Quem fala?
Carlos	Aqui é Carlos Costa.
Teresa	Quer deixar um recado?
Carlos	Está bem. O Henrique pode me telefonar quando chegar, por favor?
Teresa	Está bem.
Carlos	Obrigado.

Prática

I -
E1	(Say hello and ask if Sr.Costa is there)
E2	(Say no, he isn't)
E1	(Ask what time he arrives)
E2	(Say at 6:30. Ask who wants to speak to him)
E1	(Say your name.)
E2	(Ask if he / she person wants to leave a message)
E1	(Either ask if Sr Costa could phone you when he comes back or say you'll phone again later - Telefono mais tarde.)
E2	(Say, of course)
E1	(Thank him/her)

II -
E1	(Ask if Carolina is there)
E2	(Say yes, and ask who would like to talk to her)
E1	Say your name)
E2	(Ask the person to wait a moment)

Situação

(You have to answer the phone, but you don't speak Portuguese very well yet.)

Você	Alô. / Estou. (say the number)
?	A Dona Rosa está?
Você	Como? Por favor, fale mais devagar.
?	A Dona Rosa. R-o-s-a.
Você	Desculpe. não compreendo. Não falo português.
?	Não faz mal.

BANCO DE PALAVRAS
Não falo português.
Pode repetir?
Mais devagar.
Como? = Desculpe?
Não percebo. (P) = Não entendo. (BR)
= Não compreeendo.

Leitura
Telefones de Emergência   (estes telefonemas são grátis)
Portugal: 115
Brasil: 190 Polícia; 192 Ambulância; 193: Bombeiros / 100: Telefonista

2. NÃO ME SINTO BEM

The tourist goes to the chemist to get some medicine. First she asks to talk to the chemist - o farmacêutico.

Turista	Posso falar com o farmacêutico?
Farmacêutico	Sou eu mesmo. Pode falar.
Turista	Bom dia. Não me sinto bem. Tenho dor de estômago. O que o senhor recomenda?
Farmacêutico	Temos este medicamento. É muito bom. Deve tomá-lo três vezes por dia, antes das refeições.
Turista	Está bem. Quanto é?
Farmacêutico	São duzentos e oitenta.

Prática

I - Estudante 1 = farmacêutico
Estudante 2 = turista

E1   Bom dia./ Boa tarde./ Boa noite.
E2   /Eu tenho   dor de estômago./
     /Meu filho tem   dor-de-ouvido./
     /Meu marido tem   dores nas costas./
     /Minha mulher tem   dor de cabeça./
E1   Temos este medicamento. Deve tomá-lo   /a cada quatro horas./
                                            /de quatro em quatro horas./
                                            /depois das refeições./
                                            /antes das refeições./
                                            /três vezes por dia. /

E2   Obrigado. Quanto é?
E1   ....

II - *Seu amigo lhe diz que tem:*   *Então você diz a ele que deve:*

dor de cabeça	tomar uma aspirina
dor de estômago	tomar umas gotas para o estômago
dor de dente	tomar um analgésico - e deve ir ao dentista
dores nas costas	descansar
dor de ouvido	pingar gotas para o ouvido
tosse	tomar um xarope
dor de garganta	tomar umas pastilhas
constipação(P) resfriado(BR)	tomar uma aspirina e vitamina C
prisão de ventre	tomar um laxante
diarréia	tomar uns comprimidos para diarréia
febre	tomar um banho morno e uma aspirina
gripe	ficar em casa, na cama!
picada de inseto	pôr uma pomada (P) /passar uma pomada (BR)
queimadura de sol	pôr uma pomada (P) /passar uma pomada (BR)

3. ONDE DÓI?
Dói-me

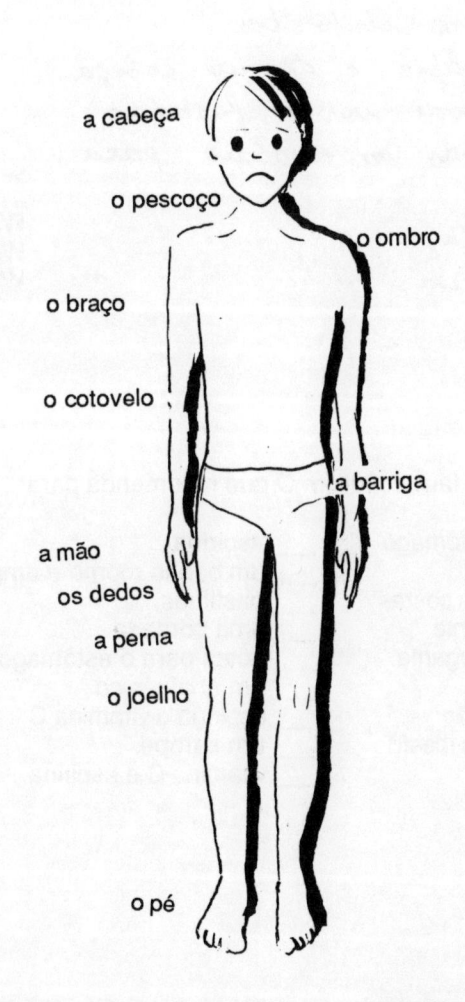

- a cabeça
- o pescoço
- o ombro
- o braço
- o cotovelo
- a barriga
- a mão
- os dedos
- a perna
- o joelho
- o pé

EXERCÍCIOS

1. *You have just arrived home and found this message that your Portuguese friend left. What does it mean?*

> TELEFONE PARA O SR. GOMES
> ATÉ ÀS 6 HORAS.
> Nº DE TELEFONE: 43 75 01.

2. *You are visiting friends in Portugal/ Brazil. You have gone out, and when you come back you find a message on the table. Your friend is asleep.*

> Não me sinto bem.
> Tenho febre e dor-de-cabeça.
> Você pode ir à farmácia
> e comprar um remédio para gripe?
> Obrigada,
> Elisa.

What is wrong with your friend?
What does your friend need?
What are you going to ask for?

3. Você é o farmacêutico. O que recomenda para:

a. dor de estômago   ___ aspirina
b. febre   ___ um banho morno e uma aspirina
c. dores nas costas   ___ pastilhas
d. dor de dente   ___ uma pomada
e. dor de garganta   ___ gotas para o estômago
f. tosse   ___ um analgésico
g. constipação   ___ aspirina e vitamina C
h. picada de inseto   ___ um xarope
i. resfriado   ___ vitamina C e aspirina

4. What is this medicine good for?

20 Comprimidos   80 mg

PARACETAMOL

TRATAMENTO SINTOMÁTICO

FEBRE   DORES

Exercício oral

Listen to the messages left on this answering machine and answer the questions:
1. Why can't Ana go out with Elisa today? Where were they going to go? What does Ana ask Elisa to do?
2. What does Pedro ask Joaquim to do? Where will Pedro be? What is the telephone number?

RESUMO

Pronúncia - X

/sh/	/s/	/z/	/ks/	/sh/ ou /s/
caixa	máximo	exato	táxi	extensão
peixe	exceção	exame	tóxico	sexta
xarope				

Funções *(You have learned how to:)*
1. ask if a person is there: O Sr. Gomes está?
   ask what time he/she will arrive: A que horas chega?
   answer the phone: Estou? (P) Alô! (BR)
   say you don't understand: Não compreendo. Não percebo.(P)
                                                                      Não entendo.(BR)

2. aay you aren't feeling well: Não me sinto bem.
   explain what is wrong: Tenho dor de .....
3. ask for some medicine at the chemist's: O que recomenda para......?

Gramática *(You have practised:)*
Os verbos FALAR, CHAMAR, VOLTAR.
Alguns pronomes reflexivos: Não me sinto bem.

unidade 10
décima unidade

1. GOSTA DE TEATRO?

Rosa   Olá, Teresa.
Teresa Olá, Rosa. Tudo bem?
Rosa   Tudo bem. Teresa, gosta de teatro?
Teresa Gosto, sim. Gosto muito.
Rosa   O Henrique também gosta?
Teresa Não, ele não gosta.
Rosa   Que pena! Mas, olhe, você gostaria de ir ao teatro ver a peça "Amigos"?
Teresa Gostaria imenso.

TEATRO

A DANÇA DO SARGENTO MUSGRAVE
de John Arden
Pela Companhia de T. de Braga. (T. Cornucópia: hoje 21h30, dom. 16h)

HISTÓRIA DE UM CAVALO
de Tolstoi/Rozovski
no Porto
O último espectáculo da Seiva Trupe. (Aud. Carlos Alberto: 3ª a sáb. 21h45; dom. 16h)

AMIGOS
de Alan Ayckbourn
(Forum Luísa Todi, Setúbal: estreia hoje 21h30)

AUTO DA ÍNDIA
de Gil Vicente
Pelo TEUC, com encenação de Rogério de Carvalho, cenografia de J.M. Castanheira e música de Paulo Vaz de Carvalho. Obra de teatro coreográfico que se situa singularmente no percurso de um encenador singular. Raro exemplo de experimentalidade sobre a obra de Gil Vicente no panorama do teatro português. (Audit. do BESCL, R. D. Luiz I: de 6 a 11, 22h)

Prática

I - *Ask your friends about their tastes:*

E1   Gosta de   teatro?
                   cinema?
                   desportos (P)/ esportes (BR)?
                   dança?
E2   Gosto, sim./
      Não, não gosto./
      Gosto mais ou menos. (BR)/ assim-assim. (P)
      Gosto muito. / imenso (P). /

II - *Say that you like doing it, but you can't do it very well:*

E1   Você gosta de nadar/ jogar tênis (BR) / ténis (P)/ ....?
E2   Gosto, mas não sei nadar/ jogar/ ...muito bem.

III - *Invite your friends:*

E1   Você   gostaria de   /vir jantar aqui em casa amanhã?/
                /gostava de/   /almoçar no restaurante *O Porto* ?/
                                    /ir ao bar tomar alguma coisa?/
                                    /passear de carro nas montanhas?/
                                     /jogar cartas ?/
E2   Gostaria muito. / Gostava muito.
      Desculpe, mas não posso.

Leitura

Meus passatempos preferidos são o futebol e o cinema. Vou ao estádio ver as partidas todos os sábados. Às vezes viajo para longe para ver o meu time preferido.

Vou ao cinema uma ou duas vezes por semana. Gosto muito de ver filmes de aventuras ou filmes sobre o futuro. Mas também gosto das boas comédias.

How often does he see a football match?
Why does he travel sometimes?
What kind of films does he prefer?
How often does he go to the cinema?

2. A QUE HORAS COMEÇA?

Teresa   A que horas começa o espetáculo?
Rosa   Começa às nove e meia.
Teresa   E a que horas acaba?
Rosa   Não sei. Onze e meia, talvez?
Teresa   Não faz mal. Como vamos ao teatro?
Rosa   Vamos no meu carro, está bem?
Teresa   Está bem. Então, até hoje à noite.
Rosa   Até às nove horas.
Teresa   E muito obrigada.
Rosa   De nada. Adeusinho.

Prática

E1   A que horas começa o filme.../ a peça..../ o concerto...?
E2   Começa às ....
E1   Como vamos?
E2   Vamos .... Está bem?
E1   ....

3. GOSTO, MAS PREFIRO ...
Prática

I - *Talk to your friends about their tastes:*
E1   Gosta de música pop / futebol ?
E2   Gosto, sim./
      /Não, não gosto.
      / Gosto, mas prefiro....

II - *Ask about their opinions:*
E1   O que acha de futebol / música pop/ ....?
E2   Acho   /interessante. /
             /monótono / a ./
             /cansativo / a /

BANCO DE PALAVRAS

café com leite	visitar museus	ver televisão	shows de rock
café preto	ir à praia	ler romances	música folclórica
chá com limão	jogar ténis	ler livros de mistério	jogos de cartas
chá com leite	jogar futebol	música clássica	touradas
dançar	jogar golfe	música pop	comida portuguesa
vinho verde	escrever cartas	jazz	comida brasileira
desportos/ esportes	viajar	estudar português	

EXERCÍCIOS

1. Complete com GOSTAR:
- Você .... de teatro?
- Eu ...... muito. E você?
- Eu também ....
  E o Manuel, ele .... de teatro?
- Não, ele não ......
- E o seus pais, eles ....?
- Eles .... muito também.

2. GOSTARIAM, GOSTARÍAMOS?
- Vocês .... de ir à Paris?
- Nós .... muito.
- Eles .... de ir a Portugal?
- .... muito.

3. GOSTA ou GOSTARIA?
a. Você ...... de futebol?
   :........ muito.
b. Você ...... de ir ver a partida hoje?
   Claro que ....

unidade 10

4. Escreva pequenos convites a seus amigos:

Ex: Daniel e Ana/ almoçar no clube/ amanhã?

1. Jorge/ jantar aqui em casa/ amanhã?
2. Marta / ir ao cinema/ amanhã à noite?
3. Eduardo e Henrique/ passear nas montanhas/sábado.
Ex: Daniel e Ana,
Vocês gostariam de ir almoçar no clube amanhã?

Daniel e Ana,
Gostariam de
almoçar no clube
amanhã?
Abraços,
Lia.

5. O que você prefere?

Que tipo de livro prefere: romances ou policiais? Prefiro.............
Que tipo de filme prefere: comédias ou aventuras? ....
Que tipo de comida prefere: portuguesa ou inglesa? ....
Que tipo de música prefere?...................
Que tipo de carro prefere?...................
Que bebida prefere?........................

Leitura

Que programa prefere ver às   17:00
                               20:00
                               21:00?

2 RTP

13.00 Vida Nova
14.00 Troféu
18.30 O Meu Amigo Mordomo
19.25 Crónica
Jerash, a mais espectacular cidade romana fundada no século III, fica situada na Jordânia. É visitada por arqueólogos de diversos países que tudo têm feito para conseguirem a sua reconstrução, já que ela foi destruída por um terramoto.
20.15 Palavra Puxa Palavra
21.00 Nós 2
22.00 O Sr. Almanaco – O Tempo
22.05 Artes e Letras – «Not Mozart»
Trata-se de uma adaptação livre e actualizada de uma ópera escrita por Mozart aos 14 anos. A ac-

Canal 1

13.40 O Mundo Animal
Através do olhar de um guia turístico nativo, este documentário mostra-nos como é precário no Quénia o equilíbrio entre a preservação da vida selvagem e a exploração do turismo.
14.50 Top +
15.35 Primeira Matinée: «O Barão Vermelho»
17.15 As Aventuras do Cavalo Preto
17.40 E.T. - Entretenimento Total
Com a participação de, entre outros, Carla Sofia, Gonçalo da Câmara Pereira, Fernando Dacosta, Teresa Magalhães e dos grupos Lua Extravagante, Resistência e Overdrive.
18.55 Os Golos da Jornada
19.05 MacGyver
Molly é uma jovem manicura que, em casa de um cliente muito «especial», presta mais atenção às conversas do que às unhas e, assim, acaba por ouvir o que não devia. Devido à sua curiosidade, a vida de Molly começa a correr perigo, mas a sorte protege-a, porque no meio da «história» apareceu aquele herói particularmente habilidoso chamado MacGyver para a salvar.
20.00 Jornal de Domingo
20.30 O Tempo
20.35 Desenhos Animados/ /Boa Noite
20.45 Araponga
22.10 Domingo Desportivo

cinquenta e um 51

Exercícios Orais

1. Listen to this announcement about shows and fill in the gaps below:

	Onde?	A que horas?
A Pequena sereia	_____	_____
Mona Lisa	_____	_____

2. Listen to these people talking about their likes and dislikes and fill in the blanks:

	GOSTA DE:	NÃO GOSTA DE:
Marta	_____	_____
António	_____	_____
Lia	_____	_____
João	_____	_____

RESUMO

Pronúncia

sons nasais

mãe	mão	manhã	cem	sim	com
mães	são	irmã	tem	fim	bom
pães	então	fã	bem	mim	

Funções *(You have learned how to:)*

1. ask whether a person likes something: Gosta de.....?
   make invitations: Quer ir?
      Gostaria de ir?/Gostava de ir?
   reply to invitations: Gostaria muito./Gostava muito.
      Desculpe, mas não posso.

2. ask about times of shows, etc.   A que horas começa...?
      A que horas acaba...?

3. ask people their opinion on a subject: O que acha de...?
   express your opinion   Acho interessante.
   say what you prefer   Prefiro....

Gramática *(You have practised:)*
Os verbos regulares: ACHAR e GOSTAR de
Os verbos irregulares QUERER e PREFERIR

unidade 11
décima-primeira unidade

1. VOCÊ É PORTUGUÊS ?

Rosa	Você é português?
Eduardo	Sou. E você, de onde é?
Rosa	Sou portuguesa também. Sou de Lisboa.
Eduardo	E a Marlene, de onde é?
Rosa	Ela é francesa, mas fala português.

Prática

I - *De que cidade?*
E1   De onde é?
E2   Sou ......
      Sou de ...

II -
E1   Fala português?
E2   Um pouco./ Falo, sim./ Não, não falo.
E1   Que língua fala?
E2   Falo ....

III -
E1   Alguém fala inglês aqui?
E2   Um momento.
E1   Yes?

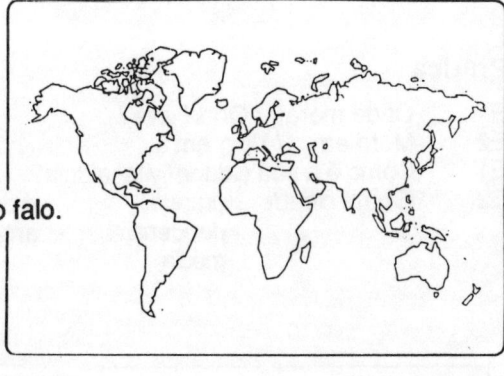

Leitura

PAÍS	NACIONALIDADE	LÍNGUA FALADA NO PAÍS	CAPITAL
	masculino/ feminino		
Portugal	português/ portuguesa	português	Lisboa
Brasil	brasileiro/ brasileira	português	Brasília
Moçambique	moçambicano/ moçambicana	português	Maputo
Angola	angolano/ angolana	português	Luanda
Inglaterra	inglês/ inglesa	inglês	Londres
Escócia	escocês/ escocesa	inglês e gaélico	Edimburgo
País de Gales	galês / galesa	inglês e galês	Cardife
Irlanda	irlandês/ irlandesa	inglês e irlandês	Dublin
Estados Unidos	americano/ americana	inglês	Washington
Canadá	canadense	inglês e francês	Ottawa
França	francês/ francesa	francês	Paris
Alemanha	alemão/ alemã	alemão	Bonn(BR)/Bona(P)
Itália	italiano/ italiana	italiano	Roma
Espanha	espanhol/ espanhola	espanhol	Madri
Japão	japonês/ japonesa	japonês	Tóquio
China	chinês/ chinesa	chinês	Pequim
Argentina	argentino/ argentina	espanhol	Buenos Aires
México	mexicana/ mexicano	espanhol	Cidade do México
Rússia	russo/ russa	russo	Moscou(BR)/ Moscovo(P)

2. ONDE MORA ?

(Rosa interviews Dona Ana, a Brazilian, and Senhor Carlos, a Portuguese. Dona is a respectful way of addressing a woman, and Senhor, a man.)

Rosa	Senhor Carlos, onde o senhor mora?	Rosa	Dona Ana, onde a senhora mora?
Sr.Carlos	Moro em Évora.	D.Ana	Moro em Belo Horizonte.
Rosa	Como é a sua cidade?	Rosa	Como é a sua cidade?
Sr.Carlos	É uma cidade média. Algumas partes são modernas e outras partes são antigas.	D.Ana	É uma cidade grande e moderna.

Prática

E1 Onde mora? / Onde vive?
E2 Moro em .../ Vivo em ....
E1 Como é a sua cidade/ vila/ aldeia?
E2 É uma cidade   grande/   moderna/   é perto do mar.
                   pequena   antiga   é no interior.
                   média   é nas montanhas.

BANCO DE PALAVRAS
cidade histórica / turística
perto do mar/ no litoral /à beira-mar
no interior
A cidade tem ....
Na cidade temos .....

---

54   cinquenta e quatro

Leitura

1. As cidades

Évora é uma cidade que fica no interior de Portugal. É uma cidade histórica. Tem muitos monumentos e museus. Em Évora temos bons hotéis e boas lojas.

Belo Horizonte é uma cidade grande, no estado de Minas Gerais, no interior do Brasil. Ela tem quase dois milhões de habitantes. Tem parques, cinemas e museus. Em Belo Horizonte temos muitos hotéis e escritórios e muitas lojas.

Como é a sua cidade?

2. As casas

A minha casa é no centro da cidade. É uma casa antiga. Não temos jardim ou quintal, mas temos uma varanda. Eu gostava de morar numa casa mais moderna, fora do centro da cidade.

Moro num apartamento perto do centro. O apartamento é no sexto andar de um prédio moderno. Temos um pequeno terraço. Eu gostaria de morar num apartamento à beira-mar, longe da cidade.

Como é a sua casa? Onde gostaria de morar?

```
BANCO DE PALAVRAS
a casa/ o apartamento
no centro da cidade/ fora do centro/ longe da cidade
antigo / moderno
novo/ velho
grande/ pequeno
```

3. TRABALHO, ESTUDO E LAZER

Rosa Dona Ana, onde a senhora trabalha?
D.Ana Trabalho no centro da cidade, perto de casa.
Rosa A senhora trabalha todos os dias?
D.Ana Trabalho, sim.
Rosa Como vai para o trabalho?
D.Ana Vou a pé.
Rosa Quanto tempo leva?
D.Ana Uns dez minutos.

Prática

E1 Você trabalha ou estuda?
E2 ......
E1 Onde trabalha? / Onde estuda?
E2 ......
E1 Como vai para o trabalho? / o emprego?/ a escola? ? ...?
E2 Vou a pé./ Vou de carro./ ...
E1 Quanto tempo leva?
E2 ....

Situação

Dona Ana diz à Rosa o que faz depois do trabalho.

Chego em casa lá pelas sete horas.
Faço o jantar. Janto com a família.
Depois do jantar, às vezes leio ou vejo televisão.
Uma vez por semana vou ao clube fazer ginástica.
Às vezes vou ao cinema.

E você, o que faz nos eu tempo livre?

ouvir música:	Eu ouço música.
fazer ginástica:	Eu faço ginástica.
ler:	Eu leio.
ir ao cinema:	Eu vou ao cinema.
passear:	Eu passeio.
ver televisão:	Eu vejo televisão.
visitar os amigos:	Eu visito os amigos.
sair com os amigos:	Eu saio com os amigos.

Converse com a Rosa: (Talk to Rosa:)
Você   (Ask where Rosa lives).............?
Rosa   Em Coimbra.
Você   (Ask her what her town is like) ....?
Rosa   É uma cidade antiga, no interior.
Você   (Ask her where she works)......................?
Rosa   Trabalho na universidade.
Você   (Ask her how she gets to work).......................?
Rosa   Vou a pé.
Você   (Ask her if she likes her town)........................?
Rosa   Gosto, sim.
Você   (Ask her what she does after work).......................?
Rosa   Vejo TV, saio com os amigos, ou leio.

EXERCÍCIOS

1. De onde é?
Ex: Marie: Ela é francesa. Ela é de França. Ela fala francês.
Fritz:
Giovanni:
Manuel:
Henrique:
Charles:
Janet:
Douglas:

2. eu / você / tu / ele / ela / nós / vocês / eles/ elas ?

a. O António está? — Não, ... não está.
b. ..... trabalha ou estuda? — ..... trabalho.
c. O que a Marta faz depois do trabalho? — ..... faz ginástica no clube.
d. Onde o Paulo mora? — ...... mora no Rio.
e. Onde vai? — .... vou à praia.
f. ...... vão ao cinema? — Não, ... não vamos.
g. Onde .... e o Paulo trabalham? — .... trabalhamos no centro.
h. Onde o João e o José trabalham — ...... trabalham na biblioteca.
i. Onde ...... moram? — Nós moramos no Porto.
j. Vocês gostam de teatro? — Sim, ... gostamos.

3. Complete com os verbos:

Eu .... (trabalhar) no centro da cidade. .... (ir) ao trabalho de metrô todos os dias. Depois do trabalho, ... (jantar). Depois do jantar, eu .... (ler), ou eu .... (ver) televisão. Eu .... (gostar) de ouvir rádio. .... (ouvir) música de todos os tipos. Nos fins de semana, ... (sair) com os amigos. Vamos ao cinema, ao teatro ou ao parque.

Exercícios Orais
What can you tell about these people?
Where are they from? Where do they live?
1.
2.
3.

RESUMO

Funções (*You have learned how to:*)
1. ask someone where he/she is from : — Donde é?/ De onde é?
   tell someone where you are from: — Sou de ....
2. ask a person where he/she lives: — Onde mora? Onde vive?
   tell someone where you live: — Moro em..../ Vivo em ....
   ask someone what his/her town is like: — Como é a sua cidade?
3. ask about place of work: — Onde trabalha?/ Onde estuda?
   ask about leisure: — O que faz depois do trabalho?
   say what you do: — Vejo TV. Leio. etc..

Gramática *(You have practised:)*
Os verbos irregulares: VER, OUVIR, FAZER, DAR, IR, VIR, LER, PASSEAR
Advérbio de tempo: *depois de*
Advérbios de frequência: *às vezes*
　　　　　　　　　　uma vez por semana
　　　　　　　　　　todo dia
Artigo indefinido : uns   Ex.: *Uns* dez minutos = Mais ou menos dez minutos.

unidade 12
décima-segunda unidade

1. O QUE FAZ ?

1. Sou representante de uma firma de automóveis. Viajo muito e sempre conheço muita gente nova. Gosto do meu trabalho. O único problema é que não tenho muito tempo para passar com a minha família.

2. Sou funcionário. Trabalho num escritório. Gosto do meu trabalho, mas às vezes é monótono. O salário não é muito alto.

3. Sou enfermeira. Trabalho num hospital. É cansativo, mas gosto do meu trabalho. O salário é baixo.

4. Sou eletricista, mas agora estou desempregado. Hoje está difícil arranjar emprego.

5. Sou estudante de engenharia. Trabalho meio-período. Ganho pouco.

Prática

I - *Pergunte a seus colegas o que fazem:*
E1   O que faz? / O que é que faz?
E2   Sou ..../
       Estou desempregado.

II - *(Talk about your work)*
E1   Como é o seu trabalho?
E2   O meu trabalho é interessante ≠ monótono / cansativo / difícil ≠ fácil.
E1   Gosta do seu trabalho?
E2   Gosto sim. /Gosto muito. Gosto demais (BR)./ Gosto imenso (P). Gosto mesmo. /
       / Não, não gosto. / Não gosto nada.
E1   E o salário, como é?
E2   O salário é alto. ≠ O salário é baixo. / Ganho bem. ≠ Ganho pouco.

DIRECTOR
P/ AGÊNCIA DE VIAGENS
ADMITE-SE
PARA LISBOA

EMPRESA INTERNACIONAL
ADMITE
VENDEDORAS DE BALCÃO

2. COMO É O SEU TRABALHO?

Marta conversa com o Sr.José Antunes. Ele é bombeiro.

Marta	Que tal o trabalho de bombeiro?
José	Pois! É muito interessante.
Marta	Mas não é um trabalho perigoso?
José	É, às vezes pode ser perigoso, mas para quem gosta de aventuras, é a profissão ideal.

Prática

E1   Como é o seu trabalho? / emprego? / curso?
E2   É ótimo. (BR) / É óptimo. (P) / É super legal. (BR) / É bestial. (P)
         É legal. (BR) / É giro. (P)
             É razoável. / É assim-assim. (P) / É mais-ou-menos. (BR)
                 É ruim./ É mau.
                     É horrível. / É péssimo.

3. COMO ELE É ?

Rosa	Você conhece o Jorge? Ele também trabalha no jornal.
Marta	Como ele é?
Rosa	Ele é magro, nem alto nem baixo, tem cabelos castanhos e usa óculos.
Marta	Conheço-o de vista.

Prática

Descreva   o seu melhor amigo / a sua melhor amiga
           o seu marido / a sua mulher /
           o seu namorado / a sua namorada
           o seu filho / a sua filha
           o seu pai/ a sua mãe

Como se chama?	Chama-se ......
Que idade tem?	Tem ...... anos.
Como ele / ela é?	Ele/ Ela é .....

os olhos
o nariz
a boca
os lábios
os cabelos
o rosto

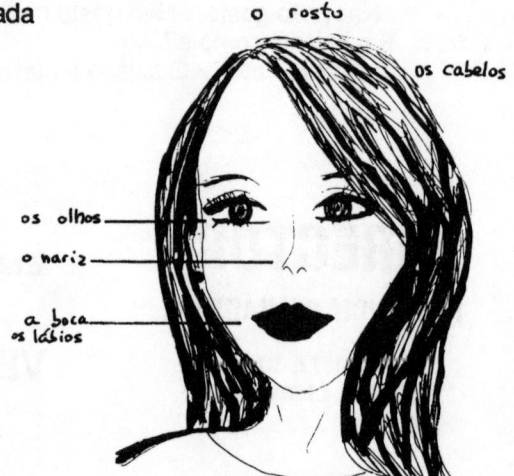

BANCO DE PALAVRAS
É alto / alta ≠ baixo / baixa
É magro / magra ≠ gordo / gorda
É grande ≠ pequeno/a.

Tem cabelos   lisos ≠ crespos.
                curtos ≠ compridos
                castanhos
                pretos
                ruivos
                grisalhos
É calvo. = É careca.

Tem bigode. = Usa bigode.
Tem barba. = Usa barba.
Tem óculos. = Usa óculos.

É feio/a ≠ bonito/a.
É simpático/a ≠ antipático /a.
É gentil = é cortês ≠ é mal-educado/a.
É sério/a. ≠ Tem senso de humor.

Extensão

Quando é o seu aniversário? *ou* Quando faz anos?
No dia 28 de fevereiro.

Qual é a sua data de nascimento?
É 28 de fevereiro 1975.

Leitura

- Quantos anos tens?
- Cinco. Amanhã é o meu aniversário.
  E você, quantos anos tem?
- Faço setenta e cinco amanhã.
- É mesmo? Então somos gêmeos.

gêmeos (BR) = gémeos (P) = *Twins*

O calendário

	Janeiro	Fevereiro	Março	Abril
S	5 12 19 26	2 9 16 23	2 9 16 23/30	6 13 20 27
T	6 13 20 27	3 10 17 24	3 10 17 24/31	7 14 21 28
Q	7 14 21 28	4 11 18 25	4 11 18 25	1 8 15 22 29
Q	1 8 15 22 29	5 12 19 26	5 12 19 26	2 9 16 23 30
S	2 9 16 23 30	6 13 20 27	6 13 20 27	3 10 17 24
S	3 10 17 24 31	7 14 21 28	7 14 21 28	4 11 18 25
D	4 11 18 25	1 8 15 22	1 8 15 22 29	5 12 19 26
	Maio	**Junho**	**Julho**	**Agosto**
S	4 11 18 25	1 8 15 22 29	6 13 20 27	3 10 17 24/31
T	5 12 19 26	2 9 16 23 30	7 14 21 28	4 11 18 25
Q	6 13 20 27	3 10 17 24	1 8 15 22 29	5 12 19 26
Q	7 14 21 28	4 11 18 25	2 9 16 23 30	6 13 20 27
S	1 8 15 22 29	5 12 19 26	3 10 17 24 31	7 14 21 28
S	2 9 16 23 30	6 13 20 27	4 11 18 25	1 8 15 22 29
D	3 10 17 24 31	7 14 21 28	5 12 19 26	2 9 16 23 30
	Setembro	**Outubro**	**Novembro**	**Dezembro**
S	7 14 21 28	5 12 19 26	2 9 16 23/30	7 14 21 28
T	1 8 15 22 29	6 13 20 27	3 10 17 24	1 8 15 22 29
Q	2 9 16 23 30	7 14 21 28	4 11 18 25	2 9 16 23 30
Q	3 10 17 24	1 8 15 22 29	5 12 19 26	3 10 17 24 31
S	4 11 18 25	2 9 16 23 30	6 13 20 27	4 11 18 25
S	5 12 19 26	3 10 17 24 31	7 14 21 28	5 12 19 26
D	6 13 20 27	4 11 18 25	1 8 15 22 29	6 13 20 27

unidade 12

EXERCÍCIOS

1. Complete o diálogo com as palavras:

o que
qual
onde
por que
como

1. - ..... se chama?
2. - João Barros.
1. - .... faz?
2. - Sou professor.
1. - ...... trabalha?
2. - Numa escola secundária.
1. - Gosta do seu trabalho?
2. - Assim-assim.
1. - ....?
2. - Porque é cansativo.
1. - ..... é a profissão ideal?
2. - A de milionário!

2. Complete com os verbos:

Mário ..... (ser) médico. Ele .... (trabalhar) no Hospital Central. Ele .... (gostar) do seu trabalho.

Carla e Mônica ...... (ser) enfermeiras. Elas .... (trabalhar) numa clínica no centro da cidade. Elas .... (gostar) do trabalho, mas .... (ganhar) muito pouco.

Ivone ..... (ser) representante de uma firma importadora. Ela .... (viajar) muito e sempre .... (conhecer) gente nova. Ela ...... (ganhar) bem, mas não .... (gostar) muito do seu trabalho.

3. Escreva uma carta para seu "penfriend" em Portugal ou no Brasil:

Caro/ Cara....... (1)

Chamo-me ....(2). Sou .... (3) e tenho ..... (4) anos.
Moro em .... (5). Sou .... (6) e trabalho/ estudo em .... (7).
Gostaria de receber carta sua.
Até breve.
.... (8)

1. O nome do "penfriend"
2. O seu nome.
3. A sua nacionalidade.
4. A sua idade.
5. O nome da sua cidade.
6. A sua profissão.
7. Onde trabalha ou estuda.
8. A sua assinatura e o seu endereço / a sua morada

4. CONHECER OU SABER?

Ex.: *Conheço/ Sei* o Japão, mas não *conheço / sei* falar Japonês.

Marta: O senhor viaja muito?
Sr.João: Viajo, sim.
Marta: *Conhece/ Sabe* muitos países?
Sr.João: *Conheço/ Sei* quase todos os países da Europa e alguns da Asia.
Marta: *Conhece/ Sabe* o Japão?
Sr.João: *Conheço/ Sei* , sim.
Marta: Que línguas *conhece/ sabe* falar?
Sr.João: *Conheço/Sei* falar Português, Francês e Inglês.
Marta: Aonde vai nas próximas férias?
Sr.João: *Não conheço./ Não sei.*

Exercício Oral
Examine the picture below and choose which two are being described.

RESUMO

Funções *(You have learned how to:)*

1. ask people about their occupation:	Que faz? O que faz?
say what you do:	Sou engenheiro.
2. express your opinion about your work:	É legal.
3. describe people:	Ela é alta.
say how old someone is:	Ele tem 19 anos.

Gramática *(You have practised:)*

Os verbos regulares: TRABALHAR, GOSTAR, ACHAR, USAR
Os verbos: CONHECER E SABER:
CONHECER: to know a person, a place
SABER: to know a fact; to know how to do something

A LISTA – O MENU

SOPAS
caldo verde
canja
sopa de legumes
sopa de peixe

PEIXES
espetada mista de peixes
linguado grelhado
bacalhau à Brás
arroz de polvo
risoto de camarão

CARNES
espetada mista
costeleta de porco
frango assado
feijoada (aos sábados)

SALADAS
salada mista
salada verde
salada de tomate
salada de atum
salada de batata

EXTRAS
batatas fritas
arroz

SOBREMESAS
frutas
mousse de chocolate
pudim flan
gelados e sorvetes
"Romeu e Julieta"

IVA incluído
O serviço não está incluído

unidade 13
décima-terceira unidade

1. NO RESTAURANTE

Turista	Tem uma mesa para dois, por favor?
Empregada	Temos aquela ali.
Turista	Não há uma mesa perto da janela?
Empregada	Um momentinho. Vou verificar.

Prática

E1 Tem uma mesa para .... pessoas, perto da janela/ no terraço/ fora/ dentro/ em cima/ embaixo / ?
E2 Temos aquela ali.

2. ESCOLHENDO

Diálogo

Empregado / garçom	O que vão pedir?
Turista	O que é espetada mista de peixes?
Empregado/ garçom	São pedaços de peixes diversos grelhados.
Turista	Então quero um. E também uma salada mista.

Prática

(Can you explain in Portuguese what these dishes are?)

caldo verde   *(soup made of potatoes and chopped greens)*
risoto de camarão *(rice cooked with shrimps)*
salada mista
canja *(soup with rice and pieces of chicken in it)*

BANCO DE PALAVRAS

pedaços   cortado/a/os/as
legumes   grelhados /a/ os/ as
hortaliças = verduras   cozido/ a/ os/ as
                  assados /a/ os/ as

3. NA ALFÂNDEGA

(at the customs in the airport)

Oficial	Pode abrir as malas, por favor?
Turista	Com certeza.
Oficial	O que é isso?
Turista	É uma caixa de sabonetes franceses.
Oficial	Pode abri-la, por favor?
Turista	Com certeza.
Oficial	Está tudo bem. Obrigado. Bom dia.
Turista	Bom dia.

Prática

E1 = oficial
E2 = turista

E1 *(ask the tourist to open his / her suitcase/s)*
E2 *(say yes, of course)*
E1 *(ask what that is)*
E2 *(say it is a box of chocolates* (bombons)/ *of soap/ nails* (pregos) / ...*)*
E1 *(say it is OK and say good-bye)*

O que é isso?   O que é aquilo?
Isto é uma caixa.   Aquilo é uma lata.

EXERCÍCIOS

1. Concorde os adjetivos (BR) / adjectivos (P):
Ex: os bombons (Itália) *bombons italianos*
o chá (China)
os rebuçados (França)
as amêndoas (Portugal)
os sabonetes (Brasil)
a lata de ervilhas (Inglaterra)
os biscoitos (Holanda)
os charutos (Cuba)

2. Explique o que são estes pratos:*(explain what these dishes are)*

sanduíche misto / sandes mista ....

pizza ....

sopa de legumes ....

3. Quem pôs a mesa hoje?

(Who set the table? He or she has left a few things out. What?)

o garfo
a colher
a faca
a colher de sobremesa
o prato
o copo
o guardanapo

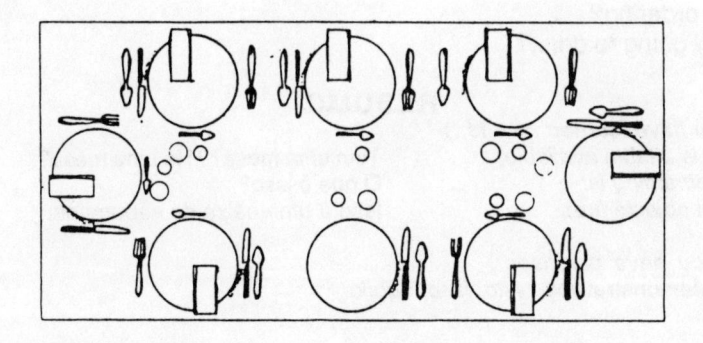

4. Which restaurant will you go to if you want to :
a - eat pizza?
b - listen to folk music ?
c - have a snack?
d - eat "feijoada" ?

Desgarrada
RESTAURANTE TÍPICO PORTUGUÊS
- fados
- desgarradas
- guitarradas

RESTAURANTE COME-SE BEM
cozinha típica à brasileira
caldeiradas • moquecas
camarão • frutos do mar
carnes e legumes em geral

Café Lamas RESTAURANTE
114 ANOS DE TRADIÇÃO
Refeições e Lanches
Aberto Dia e Noite

RESTAURANTE PIZZARIA IMPÉRIO
- completo serviço de restaurante
- especialidade em frutos do mar
A MELHOR PIZZA DA CIDADE

RESTAURANTE A LISBOETA
- bacalhoadas • peixadas
- sardinhas portuguesas
- polvo
- delicioso QUEIJO DA SERRA DA ESTRELA
diariamente das 10 às 21h - estacionamento próprio

Restaurante Pizzaria ARRASTÃO
especialidade em frutos do mar.
serviço à la carte e pizzaria

Exercício oral:
What is Marta ordering to eat?
What is João ordering?
What are they going to drink?

RESUMO

Funções *(you have learned how to :)*
1. ask if there is a table available: Tem uma mesa? / Há uma mesa?
2. ask what something is: O que é isso?
3. explain what objects are: Isso é uma caixa de sabonetes.

Gramática *(you have practised:)*
Os pronomes demonstrativos : *isto, isso, aquilo.*

unidade 14
décima-quarta unidade

1. COMO FAÇO PARA CHEGAR LÁ?

Motorista	Por favor, onde fica a Rua Escola Politécnica?
Guarda	Fica atrás do Jardim Botânico.
Motorista	Como faço para chegar lá?
Guarda	Siga a Rua Augusta até o Rossio; tome a Avenida da Liberdade, siga-a até o Jardim Botânico. Lá vire à esquerda e depois vire a primeira rua à direita.
Motorista	Um momento. Podia mostrar-me no mapa?
Guarda	Fica aqui.
Motorista	Obrigada.

Prática

E1 = turista
E2 = guarda

BANCO DE PALAVRAS
siga   até
tome = pegue   depois
vire = dobre   lá
vá em frente

E1 Como faço para chegar
    / da Praça do Comércio à Alfama? /
    /da Praça do Comércio ao Rossio? /
    /do Rossio ao Parque Eduardo VII (Sétimo)? /
E2 ....

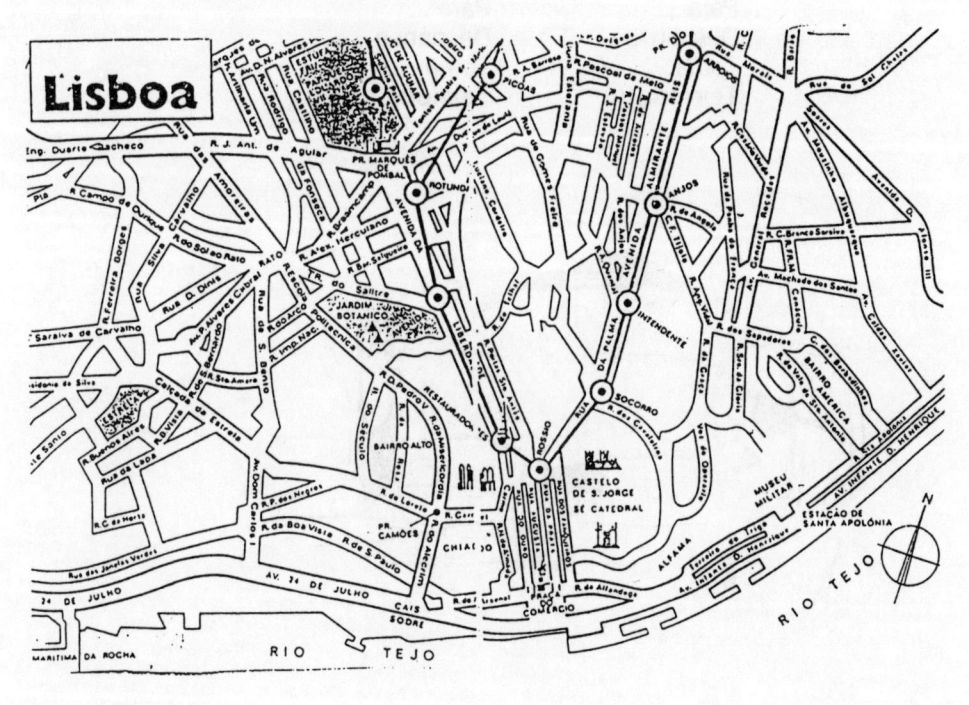

sessenta e nove 69

2. TOMA CUIDADO!

Mãe	Henrique, dirige com cuidado.
Henrique	Tá bem, mãe. Eu...
Mãe	E não corras muito. Vai sempre devagar.
Henrique	Tá bem, mãe.
Mãe	E põe gasolina no carro.
Henrique	Ainda bem que me lembrou!

Prática

(Your friend is ready to leave. Give him some advice. Tell him to:)

- prestar atenção no trânsito e nos outros carros
- dirigir / conduzir/ guiar com cuidado
- parar e descansar um pouco quando estiver cansado
- tomar um café
- telefonar-lhe quando chegar em casa
- dar um abraço na família

TU	VOCÊ
Presta	Preste ...
Conduz	Dirija ....
Pára	Pare ...
Descansa	Descanse ....
Toma	Tome .....
Telefona	Telefone...

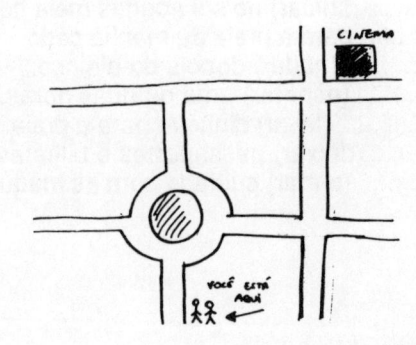

3. NO CORREIO

Freguês	Queria mandar este pacote para o Porto, se faz favor.
Empregado	Vá ao guichê de encomendas, por favor.
Freguês	Obrigado

No guichê de encomendas:

Freguês	Queria mandar este pacote para o Porto, por favor.
Empregada	Sim, senhor. Preencha este impresso e ponha o pacote na balança. Dois quilos. São trezentos e vinte, obrigada.

Prática

E1 = freguês/ freguesa
E2 = empregado /a

E1   Queria enviar este pacote./ esta encomenda./ este telegrama./
       mandar esta carta registrada (BR)/ registada (P)./
E2   Vá ao guichê de *......

* BANCO DE PALAVRAS
selos
encomendas / pacotes
cartas registadas (P) / cartas registradas (BR)
telegramas

EXERCÍCIOS

1. Seu amigo quer ir ao cinema. Como faz para chegar lá?
Siga......

BANCO DE PALAVRAS
à direita ≠ à esquerda
em frente
a rotatória (BR)/ a rotunda (P)
o cruzamento
ir
tomar
virar
seguir
até
depois

2. Leia o texto e responda às perguntas:

FÉRIAS NO SOL ? ÓTIMO! MAS TOME CUIDADO.

José Tavares, um gerente de hotel no Algarve, diz:

"Os turistas às vezes não tomam cuidado com o sol. Quando chegam, eles vão imediatamente para a praia e ficam no sol o dia todo. Depois, têm de ficar de cama por uma semana, com insolação. No primeiro dia é melhor ficar no sol apenas meia hora.

"Eles vão para a praia ao meio-dia, quando o sol é muito forte. É melhor ir de manhã cedo ou à tardinha. Eles também gostam de nadar depois de comer uma almoço enorme. Isso pode ser perigoso. É melhor esperar uma ou duas horas.

"Outra coisa: os turistas em geral levam muito dinheiro consigo para a praia. Há muitos ladrões por ali, infelizmente. Eles também não devem levar documentos, o passaporte ou os bilhetes aéreos para a praia. É melhor deixá-los no cofre do hotel. Eles também devem tomar muito cuidado com as suas máquinas fotográficas.

"Tudo isso é simples, mas os turistas esquecem esses detalhes em casa."

PERGUNTAS:

1. What does Sr. Tavares do?
2. Why do some tourists become ill?
3. When should the tourists go to the beach?
4. How long should they sunbathe for on the first day?
5. Where should money and documents be left?
6. What do tourists leave at home?

4. Complete as sentenças:
O Sr.Tavares aconselha aos turistas - vocês :

1. .... (tomar) cuidado.
2. Não ....(ir) imediatamente para a praia no primeiro dia.
3. Não ....(ficar) no sol o dia todo.
4. ....(ficar) no sol apenas meia hora no primeiro dia.
5. ....(ir) para a praia de manhã cedo.
6. Não ....(nadar) depois do almoço.
7. ....(esperar) uma ou duas horas.
8. Não .... (levar) dinheiro para a praia.
9. ....(deixar) passaportes e bilhetes no hotel.
10....................(tomar) cuidado com as máquinas fotográficas.

unidade 14

3. *Ask your friend a favour:*
a. Levar (você) à estação.
b. Escrever-lhe uma carta.
c. Telefonar ao médico.
d. Comprar três selos.
e. Procurar o número do telefone do cinema.

I - TU
Ex. a. *Por favor, leva-me à estação.*
b. ....
c. ....
d. ....
e. ....

I - VOCÊ
Ex. a. *Por favor, leve-me à estação.*
b. ....
c. ....
d. ....
e. ....

4. *Your friend is travelling to Britain. Give him/ her some advice:.*

Ele / Ela:	Vou viajar para a Grã-Bretanha em Agosto.
Você:	Não ...... em agosto porque ....
Ele / Ela:	Vou viajar de carro.
Você:	Não .... de carro porque ....
Ele / Ela:	Vou sair daqui uma sexta-feira à tarde.
Você:	Não .... sexta-feira porque ......
Ele / Ela:	Vou levar meu cão e meu gato.
Você:	Não os ...... porque ....
Ele / Ela:	Vou acampar em Londres.
Você:	Não .... em Londres porque .....

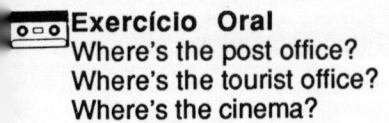

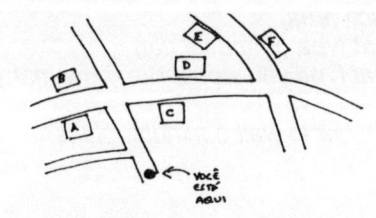

Exercício Oral
Where's the post office?
Where's the tourist office?
Where's the cinema?

RESUMO

Funções *(You have learned how to:)*
1. ask where a place is: Onde fica...?
   give directions: Siga esta rua...
2. give advice   Não corras. / Não corra.
3. ask for a service at the post office: Queria mandar este pacote.

Gramática *(You have practised:)*
O verbo no Modo Imperativo para:
- dar conselhos: *Tome* cuidado.
- fazer pedidos: *Verifique* o óleo.
- dar instruções: *Vire* à esquerda.

setenta e três 73

unidade 15
décima-quinta unidade

1. ALOJAMENTO

Na agência de turismo:

Cliente	Queria reservar um apartamento na praia, por favor.
Agente	Sim, senhor. Onde?
Cliente	Na área de Lagos.
Agente	Que tipo de apartamento queria?
Cliente	Queria um apartamento com dois ou três quartos, com vista para o mar, no primeiro ou segundo andar.
Agente	Um momentinho, por favor.

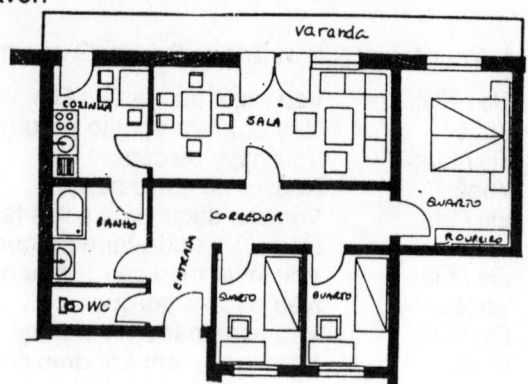

Prática

E1 = cliente
E2 = agente

E1 (Say you would like to book a flat / house on the beach)
E2 (Ask where)
E1 (Say which area)
E2 (Ask what type of house/ flat)
E1 (Say what type you would like: how many bedrooms, where, what view, etc.)
E2 (Ask him/ her to wait a minute, please)

Leitura

Qual dos anúncios mostra o que você procura?

BANCO DE PALAVRAS
casa = moradia
andar = apartamento

ALGARVE TAVIRA
Vende-se apartamento com 5 assoalhadas, com mais 3 divisões no sótão. Bem localizado com vista magnífica de mar e de campo. Financiamento garantido. Preço: 12 500 contos.
Telef. 081-8 11 18

COSTA DA CAPARICA VENDE-SE
4 assoalhadas, 2 casas de banho, cozinha, hall e despensa
Quinta do Funchalinho em frente ao ONDA PARQUE
Bom preço
Telef. 65 15 08

ALUGA-SE APARTAMENTOS
Mobilados e sem mobília.
Olhão/Quarteira/ /Vilamoura.
Telef. (089)58 64 57

ESTORIL GOLF JARDIM C/ PISCINA
Moradia c/ grandes áreas, óptima construção. Área do terreno 6000 m², área de construção 400 m².
Ref. 605-M   65 000 c.
☎ 242 68 20

CAXIAS – ALTO DO LAGOAL 2 MORADIAS C/ PISCINA
Óptima vista de mar, boa zona residencial, 4 quartos, salão c/ lareira 50 m², garagem.
Ref. 526-M   45 000
Ref. 542-M   40 000 c.
☎ 242 68 20

2. LAR DOCE LAR

(Henrique and Teresa are having their flat re-decorated. Henrique talks to the decorator and then the electrician)

Henrique	Olhe, pinte as paredes da sala com a tinta beige. Tome muito cuidado com os móveis. Mude-os para a sala de jantar antes de começar a pintar.
Pintor	Está bem.
Henrique	Ponha uma tomada nova naquele canto da sala porque quero mudar o gravador e o gira-discos para lá.
Eletricista	Sim, senhor. Posso fazer isso hoje mesmo.

Prática

E1 = *proprietário/a do apartamento*
E2 = *o electricista (P)/ eletricista (BR), o pintor e o canalizador (P) / o encanador (BR)*

E1   *(You need all the services and repairs listed below. Ask the right person)*
E2   *(Say you can do it today* - Hoje mesmo / *Say you can only do it tomorrow -* Só amanhã.*)*

BANCO DE PALAVRAS

Serviços
- uma tomada nova no quarto   instalar
- uma torneira nova na cozinha   pôr
- papel de parede novo na entrada   colocar

Reparos
- o ralo da cozinha está entupido   desentupir ou limpar
- a pia (BR) / o lavatório (P) está entupida / o   "   "
- a sanita (P) / a privada (BR) está entupida   "   "
- o interruptor de luz da sala não funciona   consertar ou reparar
- a torneira está avariada (P) / quebrada (BR)   "   "
- o terraço precisa ser pintado de novo   pintar

3. ALGUMA COISA ERRADA?

Cliente   Queria fazer uma reclamação.
Agente   Pois. O que está errado?
Cliente   Bem, reservei um apartamento com vista para o mar, mas este em que estamos tem vista para os fundos. Reservei um apartamento de dois quartos e este tem só um. Reservei um apartamento no segundo andar, mas este é no quinto andar, e não há elevador.
Agente   Deve haver algum engano. Um momento, por favor.

Prática

E1 = cliente
E2 = agente

E1   Reservei um apartamento / uma casa ...... mas ..*
E2   Deve haver um engano. Um momento, por favor.

* BANCO DE PALAVRAS:
- Não há água quente no chuveiro.
- A torneira da pia (BR) / do lavatório (P) não funciona.
- Não há chuveiro.
- O ralo está entupido.
- O apartamento é pequeno demais.
- O apartamento não tem vista para o mar.
- Não há elevador.   etc.

EXERCÍCIOS

1. Você quer vender o seu apartamento ou a sua casa. Ponha um anúncio no jornal como um destes abaixo.

APARTAMENTO
PRAIA DA ROCHA
2 quartos, sala comum,
cozinha moderna, banho
Tel. 23-8567

CASA
próxima ao centro
3 dormitórios, 2 salas
garagem
Tel. 273-9584

2. Você deve pedir favores às pessoas:
ao eletricista: os fios   Ex: *Verifique os fios, por favor.*
ao encanador/ canalizador: reparar os canos   ....
à faxineira: (limpar os quartos)   ....
ao empregado: (levar as malas para o carro)   ....
ao pintor : (comprar mais tinta)   ....

3 Você quer reservar alojamento para suas férias. Escreva uma carta para a agência imobiliária ou o escritório de turismo.

................................(1)

Prezado Senhor,
Gostaria de alugar um apartamento em ....(2) *por* ....(3), *do dia .*
...... *ao dia* .... *de* ....
Queria um apartamento com ...... *quartos para* ...... *pessoas.*
Queria um apartamento de preferência no ..... *andar, com vista para* ...., *perto de* ....(4).
Aguardo a sua resposta o mais breve possível.
Atenciosamente,

..................(5)

(1) data e lugar onde você está
(2) onde?
(3) por quanto tempo?
(4) perto do mar, ou perto do centro, ou...?
(5) a sua assinatura, o seu nome e o seu endereço/ a sua morada

Exercício Oral
Where is the flat?
How many bedrooms are there?
How much is the rent?

RESUMO

Funções *(You have learned how to:)*
1. book accommodation   Queria reservar um apartamento.
2. give instructions   Pinte as paredes da sala com a tinta beige.
3. say what is wrong in a house   A torneira não funciona. Reservei um apartamento com dois quartos, mas este só tem um.

Gramática *(You have practised:)*
O modo imperativo
O verbo RESERVAR no Passado Perfeito: reservei.

unidade 16
décima-sexta unidade

1. DE VOLTA AO TRABALHO

João	Como foram as suas férias no Algarve?
Teresa	Assim-assim. Tivemos uns problemas no início.
João	Porquê?
Teresa	Bem, deram-nos um apartamento horrível e pequeno. Mas depois conseguimos trocá-lo. E as suas férias, como foram?
João	Fomos ao Estoril.
Teresa	Divertiram-se?
João	Sim, divertimo-nos muito.

Prática

Converse com seus colegas sobre as férias passadas:

E1	Aonde foi?
E2	Fui a .../ Fomos a ....
E1	Que tal?
E2	Assim-assim. /Mais ou menos./ Muito bom./ etc.
E1	Porquê?
E2	Porque deram-nos um apartamento / um quarto horrível./ /Porque fomos a uma praia suja e cheia de gente./ /Porque fomos a uma praia linda./ /Porque choveu muito./ /Porque fez sol./ /Porque os meus filhos adoeceram./ /Porque os meus filhos comportaram-se./ etc..
E1	Que pena! / Que bom!

algarve É QUALIDADE!

2. QUE FEZ ONTEM?

Henrique	O que fez no fim de semana?
Carlos	Fui ao cinema.
Henrique	Que filme viu?
Carlos	Vi o "Rocky VII".
Henrique	Eu ainda não vi esse filme. Gostou?
Carlos	Não gostei muito, não.

Prática

I -
E1 O que fez no fim-de-semana?
E2 Fui ao cinema./ Fui ao teatro./ Viajei./ Fiquei em casa./ etc.

II -
E1 Já viu o filme "Rocky V" / .....?
E2 Já vi, sim.
E1 Gostou?
E2 Gostei, sim./ Não, não gostei.

III -
E1 Já viu a peça "Macbeth"?
E2 Não, nunca vi.* /   * (não tem intenção de ver)
    /Não, ainda não vi.**   ** (quer ver um dia)

3. A QUE HORAS COMEÇOU?

(Henrique has just arrived home and wants to see the football match.)

Henrique	A partida já começou?	**SEXTA-FEIRA, 30**
Teresa	Acabou de começar.	**RTP-1**
Henrique	Quando começou?	10.00 Às Dez
Teresa	Há uns cinco minutos.	12.15 Cambalacho
Henrique	Então não perdi nada.	13.00 O Jornal da Tarde
Teresa	Não sei. Parece-me que já	13.35 Ciclo Preparatório TV
	marcaram um golo.	18.00 Sumário
Henrique	Quem marcou?	18.05 Brinca Brincando
Teresa	Não sei. Não estou a ver.	18.50 Par ou Ímpar
		19.30 Telejornal
		20.00 O Tempo
		20.05 Palavras Cruzadas
		20.35 Palácio dos Sonhos
		21.30 Queen em Wembley
		22.30 Hitchcock Apresenta
		23.00 24 Horas
		23.30 Remate

Prática

I- E1 A que horas começou o telejornal / o filme?/ o.....?
    E2 Começou às ..

II- E1 Quando começou a estudar português?
    E2 Comecei há..... meses/ semanas./
        Comecei fazem .... meses. / faz um mês.
        Comecei .... meses atrás.

unidade 16

EXERCÍCIOS

1. Complete a história:

Todo ano vamos à França de férias, mas no ano passado .... (ir) à Itália.
Todo ano fazemos campismo, mas no ano passado .... (ficar) num hotel.
Todo ano viajamos de carro, mas no ano passado .... (viajar) de avião.
Todo ano chove nas férias, mas no ano passado .... (fazer) sol.
Todo ano voltamos cansados, mas no ano passado ...... (descansar) muito.

2. O que fizeste ontem?

> Ontem eu ...... (trabalhar) até às 6 horas. Depois, eu .... (ir) ao cinema com os meus amigos. Eu ...... (ser) a primeira a chegar. O Pedro .... (ser) o segundo.
> Nós .... (ver) o filme e depois .... (ir) ao bar.
> Eu ...... (tomar) um garoto e ...... (comer) um pastel.
> Depois, os meus amigos e eu .... (voltar) ao cinema e .... (ver) um outro filme.
> Eu .... (gostar) muito dos dois filmes.

3. O que você fez no fim-de-semana? / O que fizeste no fim de semana?
(This is a page of your diary. Write down what you did last weekend)

> No sábado eu...
> ....
> ....
> No domingo eu ....
> ....
> ....

4. Responda as perguntas. Use *já, ainda não, nunca*.

Você já foi ao Brasil? ....
Você já foi ao Algarve? ....
Você já conhece Portugal?..
Você já viajou ao Rio de Janeiro? ....

80 oitenta

unidade 16

5. Um cartão postal.
Você está de férias na praia. Escreva um cartão postal aos seus amigos portugueses sobre o que fez nos últimos dias:

BANCO DE PALAVRAS
Passear na praia.
Nadar.
Jogar golf.
Ir aos museus.

TURISMO BRASILEIRO
06 - OURO PRETO - MG
VISTA PARCIAL DE OURO PRETO, AO ALTO, IGREJA DE SÃO
FRANCISCO DE ASSIS (1765/1810)
Abriga obras do Aleijadinho e Pinturas de Athayde

RPC

Exercício Oral
1. What is wrong?
-
-
-

2. Where is the flat?
How many rooms are there?
What's the rent?
Telephone Number ....

RESUMO

Funções *(You have learned how to:)*
1. say what you have done in the past:
   ask when something happened:
2. ask people what they did:
   say you have not done something yet:
   say you have already done something:
   say you have never done something:
3. ask about times in the past:

Fui à praia.
Quando foi a Portugal?
O que fez no fim de semana?
Ainda não vi esse filme.
Já vi esse filme.
Nunca vi esse filme.
A que horas começou o telejornal?

Gramática   *(You have practised:)*
Os verbos HAVER e FAZER no sentido de tempo, ex:
Começou *há* dez minutos.
Começou *faz* dez minutos.
O tempo passado perfeito do indicativo. Ex: *Fui* à praia.

unidade 17
décima-sétima unidade

1. O QUE VAI FAZER?

Teresa	Henrique, vais sair?
Henrique	Vou, sim. Vou à cidade.
Teresa	O que vais fazer?
Henrique	Vou ao banco e depois vou comprar uns livros.

Prática

I-   E1   O que vai fazer depois da aula?
       E2   Vou ler./ Vou dormir./ Vou sair./ Vou ver televisão.

II-   E1   Vai viajar nas próximas férias?
       E2   Vou, sim.
       E1   Aonde vai ?
       E2:   Vou a ....

III-   E1   Quando vai viajar a Portugal?
       E2   Não sei./
            Vou viajar em ....
       E1   Vai viajar de carro ou de avião?
       E2   Vou viajar de ......

2. PLANOS

Carlos	Henrique, gostaria de vir jantar em nossa casa amanhã?
Henrique	Amanhã não dá, porque vou visitar a minha mãe.
Carlos	O que vai fazer quarta-feira, então?
Henrique	Quarta vou jogar futebol.
Carlos	Então vamos deixar o jantar para o fim-de-semana?
Henrique	Vamos.

Prática

I - E1   Gostava/ Gostaria de ir ao cinema / ao bar/ .....amanhã?
     E2   Amanhã não dá / Amanhã não posso/ porque .....

II- E1   O que vais fazer amanhã de manhã?
     E2   Vou .... E você?
     E1   Vou ....

III - Planos para a semana que vem:
Segunda-feira vou ......
Terça vou ......
Quarta vou ......
Quinta vou ......
Sexta vou ....
Sábado vou ....
Domingo ....

NOTA:
Ação futura:
verbo ir + verbo principal
VOU   VIAJAR
VAMOS   SAIR

3. O TEMPO

Que tempo vai fazer amanhã?
Vai chover.
Vai fazer sol.
O céu vai estar nublado.
Vai fazer calor.
Vai fazer frio.
Vai fazer bom tempo.
Vai fazer mau tempo.
Vai haver nevoeiros.
Vai haver neblina.
Vai haver ventos.
Vai gear.
Vai nevar.

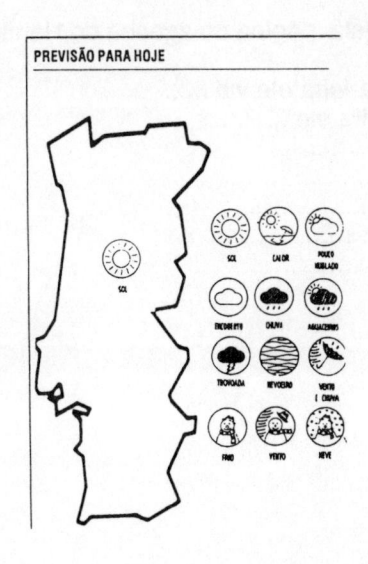

Amanhã
Céu muito nublado, com sol no litoral à tarde. Vento fraco, soprando moderado de noroeste no litoral. Chuvas e trovoadas no interior. Neblina ou nevoeiro de manhã.

EXERCÍCIOS

1. Que tempo vai fazer?
Ex. Em Salvador vai fazer calor, o céu vai estar parcialmente nublado.

Em São Paulo ....
No Rio de Janeiro ....
Em Manaus ....
Em Florianópolis ....

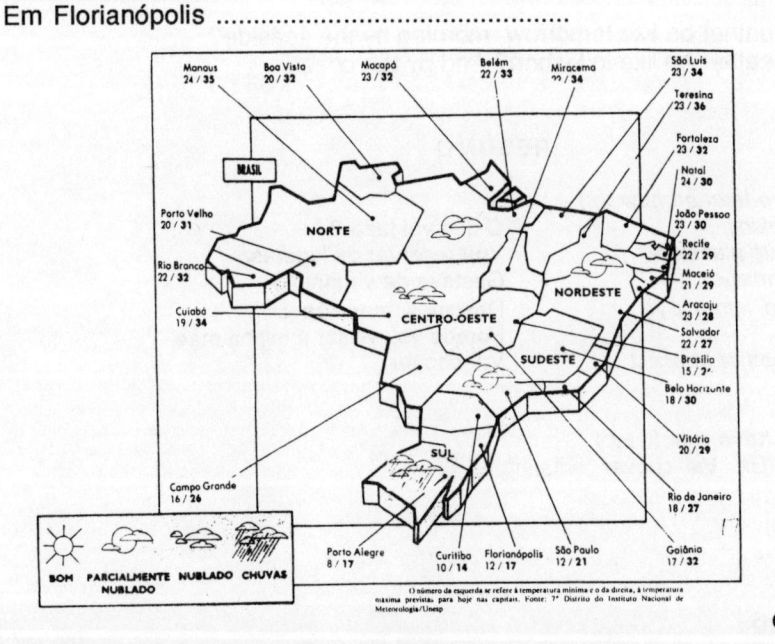

2. Leia esta página da agenda do Henrique e complete:

Segunda-feira ele vai ......
Terça-feira ele ....
Quarta ....
Q............................
S............................
S............................
D............................

```
                                    JANEIRO
12  Dentista 5:30           SEG
13  Visitar a mãe           TER
14  reunião 10:00           QUA
15  festa de Anos do        QUI
    CARLOS   9hs.
16  viajar para o           SEX
    Porto às 8:30
17  lavar o carro           SAB
18  levar a família         DOM
    à praia.
                            JANEIRO
```

3. Complete o diálogo com o verbo IR:
Henrique: O que _____ preparar para o jantar?
Teresa: _____ preparar peixe assado com batatas, arroz e salada.
Henrique: E o que _____ fazer para a sobremesa?
Teresa: _____ fazer um pudim.
Henrique: E o que nós _____ beber?
Teresa: _____ beber vinho branco?
Henrique: Está bem, então vamos.

Exercício Oral
Que tempo vai fazer ?
1. What will the weather be like tomorrow morning by the seaside?
2. What will the weather be like in Lisbon? And by the coast?

RESUMO

Funções *(You have learned how to:)*
1. ask about future plans: O que vai fazer?
   say what your future plans are: Vou reservar os lugares.
2. invite people informally: Gostava de vir jantar?
   refuse an invitation, informally: Desculpe, mas não dá.
   give a reason: Porque vou visitar a minha mãe.
3. talk about the weather forecast: Vai chover.

Gramática *(You have practised:)*
O futuro (informal) - Ex: *Vai chover* amanhã.

unidade 18
décima-oitava unidade

1. PRECISO DE UM MAIOR

(Henrique is buying a suit)

Henrique	Queria ver os fatos de casemira, por favor.
Empregado	Sim, senhor. Que medida?
Henrique	Quarenta e oito.
Empregado	Temos estes aqui.
Henrique	Posso experimentar este?
Empregado	Com certeza.

(Henrique tries it on and then calls in the assistant)

Henrique	Gosto deste aqui, mas a calça é muito grande.
Empregado	O senhor precisa de uma calça menor.
Henrique	E o paletó é pequeno demais.
Empregado	Bem, o senhor precisa de um paletó maior.

Prática

Estudante 1 = freguês / freguesa
Estudante 2 = empregado /a

1. *(You are buying a suit or a dress)*

E1   Queria ver os fatos/ vestidos/ .... de casemira/ de algodão/ de lã/ de seda.
E2   Que medida? / Que tamanho?
E1   .....
E2   Temos estes.
E1   Posso experimentar / provar este?
E2   Com certeza.

E1   Preciso de um maior/ menor.

2. *(You want to buy a particular suit/ dress, but it needs to be altered)*

Estudante 1 = freguês / freguesa
Estudante 2 = alfaiate / costureira

E1   *(Tell him/ her that you like this garment* (roupa) *but that it is too loose)*
E2   *(Ask where)*
E1   *(Say around the waist. And the sleeves are too long)*

BANCO DE PALAVRAS
apertado = justo ≠ folgado = largo
comprido = longo ≠ curto

o busto
as costas
a manga da camisa
a cintura
as nádegas
as ancas/ os quadris
a perna da calça

2. TROCAS

(Marta bought a raincoat, but it was too small. She goes back to the shop to get it changed).

Marta	Bom dia. Queria trocar este impermeável, por favor.
Empregada	Tem o recibo?
Marta	Tenho, sim.
Empregada	Queria uma maior ou mais pequeno?
Marta	Menor, por favor.
Empregada	Sinto muito, mas não temos mais esta cor. Só temos beige.
Marta	É bonita também. Fico com ele.

> o chapéu
> a capa (BR) / o impermeável (P)
> o cinto
> a bolsa
> as botas

Prática

Estudante 1 = freguês / freguesa
Estudante 2 = vendedor/ a

E1 *(Say you'd like to exchange these shoes/ this raincoat/ ....)*
E2 *(Ask if he/she has the receipt -* o recibo / o talão / a nota *)*
E1 *(Say yes. Say you'd like a bigger/ smaller size)*
E2 *(Say what colours you have)*
E1 *(Ask if you can try it on)*
E2 *(Say yes, of course)*
E1 *(Say you'll take it —* Vou levar. */ or say you'll leave it —* Vou deixar.*)*

II-
E1 *(Say you'd like to exchange this coat/ raincoat/ ...)*
E2 *(Ask if he/ she has the receipt)*
E1 *(Say no, sorry)*
E2 *(Say sorry, but you can't exchange —* fazer trocas — *without the receipt)*

III -
E1 *(Say uou'd like to change these shoes/ this belt....)*
E2 *(Say you don't have this kind of article —* este artigo *— any more .)*
E1 *(Say it is a pity. —* Que pena! *)*
E2 *(Say you have a different kind —* Temos este modelo. *)*
E1 *(Say you don't like it and say you'd like your money back —* o reembolso*)*
E2 *(Ask the customer to wait a minute; say you'll call the manager)*

BANCO DE PALAVRAS
maior ≠ menor = mais pequeno (P)
mais estreita ≠ mais larga
mais escura ≠ mais clara
mais curta ≠ mais comprida

3. JÁ NÃO HÁ (P) / NÃO TEM MAIS (BR)

(P)
Teresa Queria fazer um bolo, mas já não há farinha ou fermento.
Henrique Deixa que eu vou à mercearia.
Teresa Tá bem. Então traz um pacote de farinha e uma latinha de fermento.

(BR)
Marta Queria fazer um bolo, mas não tem farinha nem fermento.
Paulo Deixa que eu vou até a venda.
Marta Tá bom. Então traga um pacote de farinha e uma latinha de fermento.

Prática

Olhe a figura e diga do que precisa:
Ex: (P) Ainda há bananas.   (BR) Ainda tem bananas.
      (P) Já não há pão.   (BR) Não tem mais pão.
Ainda há ....   Ainda tem...
Já não há ....   Não tem mais ....

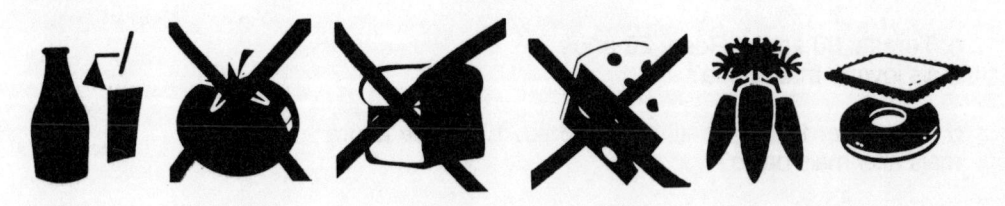

EXERCÍCIOS

1. Compare os preços destas roupas:
    calça   2500$/ Cr$2500   saia de lã 3000$/ Cr$3000
    camisa 1500$/ Cr$1500   blusa 1200$/ Cr$1200
    sapatos 3800$/ Cr$3800   sandálias 3100$/ Cr$3100

Ex: A saia de lã é mais cara que a calça.
A camisa é ....
As sandálias são ....
Os sapatos são ....

2. Compare estes países:

	Área	População
AUSTRÁLIA	7.682.300 km2	17.000.000 habitantes
CANADÁ	9.976.140 km2	26.500.000 habitantes
ÍNDIA	3.287.780 km2	685.200.000 habitantes

Ex: O Canadá é maior que a Austrália.
A população da Austrália é menor do que a do Canadá.

A Índia ....
A população de ....

A Austrália ....
A população de ....

4. Compare estes fatos (BR)/ factos (P):
a. Rio Nilo: 6.650 Km ; Rio Amazonas: 6.400 km
mais comprido/ mais curto?

b. batatas: 200$ por kg/ tomates 300$ por kg
mais barato/ mais caro?

c. Teresa: 30 anos; Rosa: 28 anos
mais jovem/ mais velha?

d. Henrique: 1,75m de altura; António: 1,73m de altura
mais alto/ mais baixo?

Exercício Oral
1. What must I buy in order to get a free belt?
2. What is the special offer?

RESUMO

Funções *(You have learned how to:)*
1. say exactly what you want to buy: Queria ver uma camisa de algodão.
   explain what is wrong: A manga é muito comprida.
2. say that you want to exchange some goods: Queria trocar por uma maior.
3. say you haven't something any more: Já não há (P)...../
   Não tem mais (BR)....

Gramática *(You have practised:)*
Os adjetivos comparativos:
Ex: Queria uma blusa *maior* que esta.

unidade 19
décima-nona unidade

1. CHAMADAS TELEFÔNICAS

Você precisa falar com o Sr.Penha. Você telefona para o escritório dele e diz:
   "Queria falar com o Sr.Penha, por favor."

Aqui estão algumas respostas que você pode receber:

Telefonista 1   Desculpe, mas não há ninguém por esse nome aqui. Deve ser engano.

Telefonista 2   Desculpe, mas o Sr.Penha está ocupado. Pode ligar mais tarde?

Telefonista 3   Como? Pode repetir mais alto?

Telefonista 4   Sim. Quem é que fala?

Telefonista 5   Olhe, neste momento o Sr.Penha não está. Pode ligar mais tarde ou quer deixar recado?

Telefonista 6   O Sr.Penha está numa reunião. Deixe seu número, por favor, e o Sr.Penha vai-lhe telefonar mais tarde.

Telefonista 7   A linha do Sr.Penha está impedida. Pode aguardar ou volta a chamar?

Telefonista 8   A linha do Sr.Penha está ocupada. Quer esperar ou quer ligar mais tarde?

Telefonista 9   Lamento, mas o Sr.Penha está de férias.

Pessoa   Sou eu.
Pessoa   Sou eu mesmo.
Pessoa   É o próprio.
Pessoa   É ele mesmo.

Prática

Estudante 1 = pessoa ao telefone
Estudante 2 = telefonista

I -
E1   Posso falar com o Sr. Carlos, por favor? / O Sr. Carlos está, por favor?/
E2   *(Say he is not there and ask if the other person would like to leave a message* – deixar um recado*)*
E1   *(Say what your name is and ask Sr Carlos to phone you when he arrives* – quando ele chegar*)*

II -
E1   *(Ask to talk to Ana)*
E2   *(Say there is no one there called Ana. It must be the wrong number)*
E1   *(Say thank you, good bye)*

2. O QUE ESTÁ FAZENDO?

João   Posso falar com a Laura, por favor?
Pedro Desculpe, mas ela está tomando banho.
João   Tá bom. Eu ligo mais tarde.

Prática

E1   Posso falar com a Laura ? / o José? / .... ? /
E2   Desculpe, mas ele / ela está   * ....

* BANCO DE PALAVRAS

(P) Está a descansar.
Está descansando.

(P) Está a dar mamadeira ao bebé.
Está dando mamadeira ao bebê.

(P) Está a pintar .
Está pintando .

(P) Está a cozinhar.
Está cozinhando.

(P) Está a tomar banho.
Está tomando banho.

3. QUE ACONTECEU?

Médico	O que aconteceu?
Paciente	Estava a arrumar o escritório, tropecei e caí.
Médico	Como caiu?
Paciente	Subi à cadeira para arrumar uns papéis e caí no chão.
Médico	O que lhe dói?
Paciente	Dói-me muito o braço direito. E no joelho esquerdo tenho uma nódoa preta que também dói muito. Tomei aspirinas, mas a dor não passou.
Médico	Vamos ver. Precisa de uma pomada para o joelho. Mas o braço não me parece muito bem. Acho que não partiu o braço, mas precisa de fazer uma radiografia. Aqui está o formulário. Assine-o e leve-o ao hospital.

Prática

Estudante 1 = paciente
Estudante 2 = médico/ a

E1 Doutor, dói-me o braço/ a perna/ ....
E2 O que tem tomado?
E1 Tenho tomado .... /
 /Não tenho tomado nada.
E2 Consegue mexer o braço/ a perna / ..?
E1 Consigo. / Não consigo.
E2 Tome este medicamento e
 passe/ ponha esta pomada.
 Se a dor não melhorar
 volte daqui a três dias, está bem?
E1 ......

BANCO DE PALAVRAS
cair
quebrar = partir
magoar = machucar
doer, dói-me, doem-me
tomar um remédio, um medicamento
o braço direito / esquerdo
o pé direito / esquerdo
a mão direita/ esquerda
a perna direita/ esquerda

Situação

Estudante 1 = paciente
Estudante 2 = dentista

I - *(First phone and make an appointment)*

E1   Queria marcar uma hora. É urgente.
E2   *(Tell the patient to come over at 4 o'clock this afternoon)*

II - *(At the dentist's)*

E1   *(Tell the dentist what is wrong:* – Tenho um abcesso.
   Perdi a obturação.*)*
E2   *(Ask the patient to open his/ her mouth)*
E1   *(Tell the dentist where it hurts:* em cima/ em baixo
   à frente/ atrás / à direita/ à esquerda

EXERCÍCIOS

1. *faço* ou *estou a fazer / estou fazendo* ?

Ex: Toda noite eu <u>vejo</u> televisão. Hoje eu <u>estou a ver</u> um documentário no canal 2.
<u>estou vendo</u>

– Todo dia eu _____ (ler) um livro. Hoje eu _____ um livro do Eça de Queiroz.

– Eu _____ (jogar) futebol com os meus amigos todos os dias depois das aulas.
  Agora eu _____ futebol com eles.

– Hoje é sábado. Todo sábado eu _____ (fazer) feijoada. Hoje eu _____ uma feijoada para o almoço.

2. Leia o texto e responda às perguntas:

   José Cabral levantou-se hoje às sete horas. Ele tomou o pequeno almoço e saiu para o emprego. Geralmente o José vai para o emprego de autocarro, mas hoje resolveu ir a pé porque o tempo estava bom. Ele andou pela praça e depois atravessou a Rua do Porto.
Infelizmente ele não viu a bicicleta que vinha em sua direção. A bicicleta bateu no José. José caiu e magoou o braço. José voltou para casa. A sua mulher telefonou para o médico e marcou uma consulta. Mais tarde os dois foram ao consultório.
O médico examinou o braço do José. O José não partiu o braço mas tem tido muitas dores. O médico deu-lhe um analgésico e disse-lhe: "O senhor precisa de ficar em casa por uns dois ou três dias."

Perguntas:
1. A que horas José se levantou?
2. Porquê ele foi ao emprego à pé?
3. Como ele vai para o emprego geralmente?
4. Onde aconteceu o acidente?
5. O que aconteceu com o José quando a bicicleta bateu nele?
6. Quem examinou o José?
7. O que o José precisa fazer?

unidade 19

3. O que estão fazendo?

Exercício Oral
1. Is Carlos in?
2. Is Sr. António in?
3. Can I talk to Marta?

RESUMO

Funções *(You have learned how to:)*
1. say what you are doing at the moment: Estou a ler. / Estou lendo.
2. use the telephone: De onde fala?
                                                   Posso falar com .....?
  ask if you can leave a message: Posso deixar recado?
3. explain how an accident happened: Tropecei e caí.

Gramática *(You have practised:)*
Os verbos no tempo "presente continuado":
Ex.   Estou *a descansar* . (P) / Estou *descansando*.

unidade 20
vigésima unidade

1. O MELHOR FILME QUE EU JÁ VI

Rosa   Você viu o último filme do Woody Allen?
Teresa   Vi, sim. Foi um dos melhores filmes que eu já vi.
Rosa   É mesmo? Porquê?
Teresa   Porque é muito divertido.

Prática

E1   Você viu / Tu viste o filme......?
E2   Vi, sim. Foi um dos melhores / dos piores filmes que eu já vi.
E1   É mesmo? Porquê?
E2   Porque é muito divertido./ triste./ bobo./ ....

Situação

Pergunte aos seus colegas:

Qual foi
- o melhor filme que você já viu? / tu já viste?
- o pior filme que você já viu? / tu já viste?
- a canção mais bonita que você já ouviu? / tu já ouviste?
- a canção mais feia que você já ouviu? / tu já ouviste?
- o lugar mais bonito que você já visitou? / que tu já visitaste?
- a comédia mais divertida que você já viu? / tu já viste?
- a história mais triste que você já leu?/ tu já leste?
- o melhor restaurante em que você já comeu?/ tu já comeste?
- o pior vinho que você já tomou? / tu já tomaste?
- o melhor hotel em que você já se hospedou? / tu já te hospedaste?
- a pessoa mais simpática com quem você já conversou?/ tu já conversaste?
- a pessoa mais antipática que você já conheceu? / tu já conheceste?
- a maior mansão em que você já esteve? / tu já estiveste?
- a melhor idéia que você já teve? / que tu já tiveste?

"A pior idéia que eu já tive foi a de esquiar nos Alpes."

2. DESCULPANDO-SE

Fátima Olá, Marta, como está?
Marta Tudo bem. E a Fátima?
Fátima Tudo bem, obrigada. Desculpe que não telefonei ontem, mas não tive tempo.
Marta Não faz mal. Eu também estive ocupada.

Prática

E1   Porquê você não me escreveu? / tu não me escreveste?
E2   Desculpe, mas ....

BANCO DE PALAVRAS

Desculpando-se por:	*Explicação:*
não telefonar	esqueci-me. não tive tempo perdi o seu / o teu número de telefone meu telefone esteve quebrado / avariado
não escrever	estive muito ocupado/a. perdi o seu endereço / a sua morada esqueci-me
chegar atrasado	acordei tarde perdi o autocarro/ o ônibus meu carro quebrou meu relógio atrasou
não te / o / a esperar na estação	errei o horário esqueci-me fui à estação errada
não fazer a lição / a tarefa de casa	não tive tempo perdi o livro não quis fazer esqueci-me

3. O FUTEBOL

Henrique   Carlos, queres ir ver a partida?
Carlos   Quem joga hoje?
Henrique   O Benfica, é claro.
Carlos   Está bem. Vamos lá.

Prática

I-   E1   Queres/ Você quer ir ver a partida / o jogo ?
     E2   Quem joga hoje?
     E1   ....
     E2   Vamos lá! / Olha, hoje eu não posso ir.

II-   *Estudante 1 = torcedor/ torcedora / espectador/ espectadora*
       Estudante 2 = bilheteiro / a

E1   Ainda há lugares nas bancadas/ na arquibancada / na geral, na sombra?
E2   Não, só no sol.
E1   Paciência. Dê-me dois.

Leitura

     Tanto os brasileiros como os portugueses gostam muito de desporto, principalmente futebol. No Brasil há muitos times de futebol. Outros esportes também são importantes, como basquete, automobilismo e atletismo. Em Portugal há várias equipas de futebol, ráguebi, volibol, andebol e bola-ao-cesto, e até mesmo hóckey. Porém há pouquíssimas equipas de cricket, pois este é um jogo tipicamente inglês.

Situação

E1   Quantas pessos há na equipa / no time de cricket?
E2   ....
E1   Há um árbitro?
E2   ....
E1   Os jogadores usam uniforme?
E2   ....
E1   De que tamanho é a bola?
E2   ....
E1   Quando jogam cricket: o ano todo ou há uma estação principal?
E2   ....
E1   Quanto tempo dura uma partida?
E2   ....

Leitura

TOTOBOLA e LOTERIA ESPORTIVA

O Totobola em Portugal e a Loteria Esportiva no Brasil são dois tipos de apostas. Você precisa de adivinhar qual time ou equipa vai vencer cada uma dos treze jogos daquele fim-de-semana. Então marca com um X a coluna ou da esquerda, ou da direita, ou do meio - se você acha que vai haver empate.

É muito fácil preencher o talão da loteria. Mas é muito difícil adivinhar o resultado dos jogos. Às vezes as pessoas que vencem na loteria ou no Totobola ganham muito dinheiro.

Existe uma loteria esportiva deste tipo no país onde mora?

Obs.
(BR) loteria
(P) lotaria

	1	X	2		D	T
1	Santos/SP		Palmeiras/SP	1		
2	S. Paulo/SP		Rio Branco/SP	2		
3	Novorizontino/SP		XV Nov. Pir./SP	3		
4	Olímpia/SP		Ponte Preta/SP	4		
5	Cascavel/PR		Atlético/PR	5		
6	Campo Mourão/PR		Coritiba/PR	6		
7	Chapecoense/SC		Joinville/SC	7		
8	Vila Nova/GO		Atlético/GO	8		
9	Botafogo/PB		Treze/PB	9		
10	Maranhão/MA		Sampaio Correa/MA	10		
11	Mogi-Mirim/SP		América/SP	11		
12	Guarani/SP		Ferroviária/SP	12		
13	XV Nov. Jaú/SP		Bragantino/SP	13		
14	P. Desportos/SP		Corintians/SP	14		

EXERCÍCIOS

1. Escreva mensagens :

Ex: ao seu amigo / à sua amiga:
(tell him/ her you didn't write sooner because you were ill)

> Olá, Pedro,
> Desculpe que não escrevi antes, mas estive doente.
> Abraços,
> Rosa.

I- ao seu amigo / à sua amiga:
(tell him/ her you didn't go to his/her house yesterday because you were busy)

II - ao dentista:
(tell him you couldn't go to the surgery because your car broke down)

III - ao professor / à professora de Português:
(tell him / her that you didn't do your homework because you left your book at school)

2. A Rosa está de férias e mandou um cartão postal à sua amiga Marta:
What does she say about
- the food
- the weather
- the language
- the visits ?

> Olá! Aqui estou eu no sol do Mediterrâneo.
> Estou a divertir-me muito.
> Estou a praticar esqui aquático e vou aprender o wind-surf.
> Faz sol todo dia. Está calor.
> Já visitamos muitos dos monumentos clássicos. Tirei muitas fotografias.
> Não gosto muito da comida, pois é um pouco forte. O hotel é bom e confortável.
> O grande problema é a língua. Não posso nem ler os avisos.
> Saudades, Rosa.

Sr. e Sra. SOARES
RUA 25 de Abril, 89
Lisboa.
PORTUGAL.

3. SER OU ESTAR?

A Isabel é portuguesa. Ela ____ de Sintra. Ela ____ professora primária e trabalha numa escola. Mas esta semana não _____ a trabalhar, porque _____ doente. Ela ___ em casa.

A Isabel tem um irmão, o José. Ele ____ funcionário de um banco. Ele ____ casado com a Sandra. A Sandra _____ muito simpática e generosa.

Hoje ____ terça-feira. A Sandra vai visitar a Isabel.

A porta da casa _____ aberta. A Sandra entra. A sala _____ vazia.

A Isabel ____ no quarto; ela _____ na cama.

"Olá, Isabel, como _____?" pergunta a Sandra.

"Olá, Sandra. _____ assim-assim. _____ melhor, mas _____ cansada de ficar na cama."

"Pobre Isabel! Mas olhe, eu trouxe umas frutas. Estes morangos _____ frescos. Eles _____ do nosso jardim."

"Muito obrigada!"

Leitura

O resultado dos jogos:

```
FC Porto-Famalicão ............ 1
Guimarães-Boavista ............ 1
P. Ferreira-Benfica ............... X
Gil Vicente-Farense ............ X
Sporting-Salgueiros ............ 1
Estoril-Penafiel ..................... 1
Torreense-União .................. 1
Marítimo-Beira Mar ............. X
Chaves-Braga ...................... 2
Espinho-Rio Ave .................. 1
Belenenses-Académica ....... 1
Louletano-Ac. Viseu ............ 1
Olhanense-Setúbal ............. X
```

Exercício Oral

O resultado das partidas de futebol. Ouça e complete:

```
SANTOS __    X    PALMEIRAS __
JUVENTUS __  X    SÃO PAULO __
FLAMENGO __  X    FLUMINENSE __
ACADÉMICA __ X    BOAVISTA __
UNIÃO __     X    ATLÂNTICO __
LUSITANO __  X    COMERCIAL __
```

RESUMO

Funções *(You have learned how to:)*
1. compare people, things, places and say
   which is the best: O melhor filme que já vi...
2. explain why you could not do something: Não escrevi porque perdi o seu endereço.
3. buy tickets: Tem lugares à sombra?
   talk about sport: Quem joga hoje?

Gramática *(You have practised:)*
Os SUPERLATIVOS - Ex: O *melhor* filme que eu já vi foi ....

Unidade 21
vigésima-primeira unidade

1. O QUE FAZ?

Uma entrevista para emprego

Entrevistador	O que faz agora?
Entrevistador	Sou contabilista. Trabalho numa companhia de seguros.
Candidato	Gosta da sua profissão?
Entrevistador	Gosto, sim.
Candidato	Há quanto tempo exerce essa profissão?
Entrevistador	Estou nesse emprego há dois anos. Comecei como estagiário e agora sou contabilista. Vou também tirar um curso de meio período, e no final vou ter um diploma de economista.

Prática

Estudante 1 = entrevistador
Estudante 2 = candidato

E1	*(Ask what he/she does at the moment)*
E2	*(Say what you do)*
E1	*(Ask where he/she studies or works)*
E2	*(Answer - use the expression* tirar *or* fazer um curso*)*
E1	*(Ask how long he/she has been doing it)*
E2	*(Say how long you've been doing it)*
E1	*(Ask why he/she wants to work here)*
E2	*(Say why)*
E1	*(Ask about his/her present salary* - salário*)*
E2	*(Answer)*
E1	*(Ask what salary he/she expects to get* - espera receber*)*
E2	*(Ask when he/she can start working here)*

BANCO DE PALAVRAS

O PRESENTE	O PASSADO	O FUTURO
O que faz?	Quando começou?	Quando vai terminar?
	Quando terminou?	Quando vai arrumar outro emprego?
Estudo	Comecei em ...	Vou terminar em ...
Trabalho ...	Terminei em ...	Vou ...
agora	antes	depois
atualmente	no passado	no futuro
(estudo) há dois anos	há dois anos atrás	daqui a dois anos
	dois anos atrás	em dois anos
este ano	no ano passado	no ano que vem
		no próximo ano
hoje	ontem	amanhã
	antes de ontem	depois de amanhã
hoje de manhã	ontem de manhã	amanhã de manhã
hoje de tarde	ontem de tarde	amanhã de tarde
hoje de noite	ontem de noite	amanhã de noite
hoje à tarde	ontem à tarde	amanhã à tarde
hoje à noite	ontem à noite	amanhã à noite

2. O MEU TRABALHO

Marta Você é contador, certo?
Miguel Sou, sou contador. Em Portugal dizemos contabilista.
Marta Certo, contabilista. O que você considera importante no seu emprego?
Miguel Bem, tenho de ser organizado. Devo ser pontual e também cortês e tolerante com os clientes.
Marta Mas você também deve ser bom em matemática?
Miguel Um pouco. Às vezes tenho de ser bom em línguas porque recebemos documentos, cartas e telefonemas de outros países, como França, Espanha, Inglaterra.

Prática

I-
E1(BR)   Em que matérias você /é bom / é boa / vai bem / na escola?
E1(P)   Em que matérias tu /és bom/ és boa / vais bem / na escola?
E2   Sou bom / Sou boa / Vou bem / em matemática/ ...

II-
E1   Em que você tem de /ser bom / ser boa/ no seu emprego?
E2   Devo /ser bom / ser boa/ em línguas...
           Tenho de ser pontual/...

MATÉRIAS	QUALIDADES
matemática	pontual
línguas/ idiomas	organizado/a
ciências	tolerante
geometria	cortês, educado/a
geografia	gentil
conhecimentos gerais	paciente
ciências econômicas	atencioso/a

Aplicação

Converse com os seus colegas sobre a personalidade e o trabalho das pessoas abaixo. Que emprego lhes recomenda?

1. Maria é organizada, mas tem pouca paciência. Gosta de matemática e ciências econômicas.
2. João é desorganizado, mas quando necessário trabalha duro. Gosta de trabalhar ao ar livre.
3. Carlos é muito tolerante e gosta de trabalhar com crianças. É muito atencioso.
4. Joana é boa em matemática e gosta de trabalhar com clientes.
5. Sónia não gosta de atender ao telefone e não é boa em línguas. Na escola ela vai bem em geografia, ciências e tecnologia.

ALGUNS EXEMPLOS DE EMPREGOS

operador / operadora de computador   programador / programadora
operador/ operadora de máquinas   professor/ professora
enfermeiro / a   engenheiro /a
pedreiro   recepcionista
secretário / a

3. ESTÁ CONTENTE?

Marta   Está contente no emprego?
Miguel   Estou, sim. Gosto do pessoal e do trabalho em si. Mas não estou muito contente com o salário.

Prática

E1   Está / Estás contente   no emprego/ na escola?
                                        com o emprego? / com o curso?
E2   Estou sim./ Não, não estou.
E1   Porquê?
E2   ...

Extensão

alegre	triste	irritado	assustado	cansado
feliz	infeliz	zangado	apavorado	exausto
contente		com raiva	com medo	

Ex.   Ele está contente.
        Ele fica contente quando vê os amigos.

E você? Quando fica zangado?

Ex: Fico zangado quando perco o comboio/ o trem.

I -Como fica nestas situações?

1. Quando perde o comboio/ o trem?
2. Quando não tem dinheiro para comprar um disco novo/ uma roupa nova?
3. Quando chega atrasado ao emprego / à aula?
4. Quando corre três quilómetros?
5. Quando recebe aumento de salário?
6. Quando chove e você saiu sem guarda-chuva?

II - Como se sentiria?

Se eu ganhasse na lotaria eu ficaria feliz.
Se eu perdesse meu cão eu ......
Se eu visse um fantasma eu .....
Se eu tivesse muito dinheiro eu ...
Se eu estivesse doente eu ....
Se eu passasse no exame eu ....

EXERCÍCIOS

1. Há quanto tempo?

- Maria começou a trabalhar em Sintra em 1988. Ela trabalha lá há .... anos.
- Rui terminou os estudos em 1989. Ele os terminou há.... anos.
- Júlia trabalha num restaurante desde 1987. Ela lá trabalha há ..... anos.

2. Complete com o verbo *ir* :

Todos os anos eu e a minha família ....à praia no verão.
No ano passado .... ao Estoril.
No ano que vem .... viajar para a Costa Azul.

3. Complete com as expressões de tempo:

.... vou trabalhar muito; .... não trabalhei nada.
.... vou passar férias na praia.
.... passei férias nas montanhas.
.... comprei dois livros novos.
.... vou comprar um disco.

4. Como ficaria se :

Perdesse o seu cão? Eu ficaria ....
Perdesse o seu emprego? Eu ....
Ganhasse o primeiro prêmio na loteria ? Eu .....
Visse um fantasma? Eu .....

Exercícios orais
1. What does he do now? How long will it take until he graduates?
2. What does she do now? Is he happy ?

RESUMO

Funções *(You have learned how to:)*
1. explain how long you have being doing something: Trabalho aqui há três anos.
   say when you started doing something: Comecei há três anos.
   talk about the future:

   Vou ter um diploma.
2. talk about what you are good at: Vou bem em matemática.

   Sou bom/ boa em matemática.
   say what you have to be good at: Devo ser bom/ boa em línguas.
3. talk about how your moods and emotions: Fico zangada quando perco o trem.
   and in an imaginary situation: Ficaria zangada se perdesse o trem.

Gramática *(You have practised:)*
Verbos no passado, o presente e o futuro do indicativo.
Verbos no tempo futuro do pretérito do indicativo: Eu *ficaria* ...
Verbos no pretérito do subjuntivo ou conjunctivo: ... se eu *perdesse* o meu cão.

Unidade 22
vigésima- segunda unidade

1. DIAS ESPECIAIS

(Today is Christmas Day. Jorge arrives dressed up as Father Christmas)

Jorge   Olá! Feliz Natal!
Mãe   Jorge! Mas eu pensei que fosse o Pai Natal de verdade!
Jorge   Gosta da minha fantasia, então?
Mãe   Gosto muito.

Prática

Como é o Natal ?

	Em Portugal	No Brasil	No país onde vive
Escrevem-se cartões de Natal a todos.			
Enviam-se cartões só a quem está longe.	X	X	
Enfeitam-se as casas.	X	X	
Enfeitam-se as ruas.	X	X	
Enfeitam-se as lojas.	X	X	
Enfeita-se uma árvore de Natal.	X	X	
Trocam-se presentes.	X	X	
Põe-se a meia na chaminé.			
Põe-se o sapatinho na chaminé.	X		
Vai-se à Missa do Galo, à meia-noite.	X	X	
Faz-se uma festa grande na véspera de Natal.	X	X	
Faz-se uma festa grande no dia de Natal.	X	X	
Há um Pai Natal (P) / Papai Noel (BR).	X	X	
Visita-se a família.	X	X	
Visitam-se os amigos.	X	X	
Come-se peru.		X	
Come-se rabanada.	X		
Come-se bacalhau.	X		

Extensão

Em que outras ocasiões vê os seus parentes (os seus familiares)?
Nos aniversáros / Nas festas de anos.
Nos casamentos.
Nos batizados.
Nos funerais./ Nos enterros (BR).
No Ano Novo.
Na Páscoa.

Em que ocasiões encontra os seus amigos e todos saem juntos?
No Carnaval
Nas Festas dos Santos (em Junho)
Que festas há no país onde vive?
Qual é a sua festa preferida? Porquê?

2. A FAMÍLIA

A Isabel e o Pedro têm quatro filhos: Ana, Eduardo, Fátima, e Carlos.
A Ana é casada com o André. Eles têm dois filhos, o João e o Jorge. O Carlos também é casado. A mulher dele chama-se Lúcia. Eles têm uma filha, Clara, e um filho, Paulo.
O Eduardo é solteiro. A Fátima é divorciada.

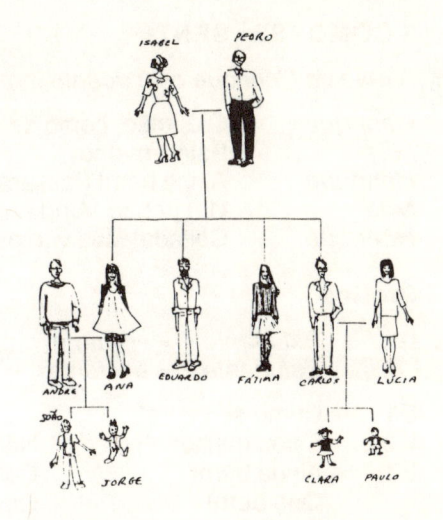

Prática

O Pedro é o ...... da Isabel.
A Isabel é a .... do Pedro.
A Isabel é a ...... do Eduardo.
O Pedro é o .... do Eduardo.
A Ana é irmã da Fátima.
A Fátima é .... do Carlos.
O Carlos é irmão da Ana.
O Eduardo também é ...... da Ana.
O Pedro é avô do João.
A Isabel é avó do João.
O Pedro é ...... da Clara.
A Isabel é ...... da Clara.
A Clara é neta da Isabel.
O Paulo é neto do Pedro.
O Jorge é ...... do Pedro.
O Jorge é primo da Clara.
A Clara é .... do João.
O Paulo é ...... do João.

O Paulo é sobrinho da Fátima.
A Clara é .... da Fátima.
O Jorge é .... do Eduardo.
O Eduardo é tio da Clara.
A Ana é tia da Clara.
O Eduardo é .... do Jorge.
A Ana é .... do Jorge.
A Fátima é cunhada da Lúcia.
O André é cunhado da Lúcia.
O Eduardo é .... do André.
A Fátima é .... do André.
A Isabel é a sogra do André.
O Pedro é o sogro do André.
A Isabel é a .... da Lúcia.
O Pedro é o .... da Lúcia.
O André é genro da Isabel e do Pedro.
A Lúcia é nora da Isabel e do Pedro.

Agora faça a sua árvore genealógica:

```
   ____  ____          ____  ____
   avô   avó           avô   avó

      ____                ____
      pai                 mãe

  ____           _____         ____
  irmãos        você - marido/ mulher   irmãs

  ____              ____                ____
  sobrinhos         filhos              sobrinhos

                    ____
                    netos?
```

unidade 22

3. COMO SE SENTE?

A mãe do Henrique está doente, no hospital. A Marta vai visitá-la.

Henrique	Olá, mãe, como se sente hoje?
Mãe	Estou melhor.
Henrique	Ainda bem! Passaram as dores?
Mãe	Um pouco. Ainda tenho dores nas costas.
Henrique	Coitada! Mas vão passar logo.

Prática

I- *Estudante 1 = visitante*
Estudante 2 = paciente

E1	Como se sente?	
E2	Estou melhor. /	Não me sinto bem.
E1	Ainda bem! /	Coitado! / Coitada!
	Que bom! /	Que pena!
	Graças a Deus! /	Espero que melhore logo.
		Espero que fique bom/ boa logo.

2. O que se diz nestas situações?

a. Não me sinto bem.   ____ Ainda bem!
b. Acho que perdi a carteira.   ____ Que pena!
c. Estou melhor.   ____ Que azar!
d. Parti o braço.   ____ Que ótimo!
e. Passei no exame!   ____ Coitado!

a. Trouxe-lhe umas flores.   ____ Não faz mal!
b. Você é muito gentil.   ____ Imagine!
c. Muito obrigado pelo presente.   ____ Obrigada.
d. Esqueci de telefonar à mãe.   ____ Não tem de que.

Situação

O Ricardo tem dor de dentes. Coitado!

Faça-lhe perguntas:

(1. How are you feeling?)
(2. Have you seen the dentist yet?)
(3. Why don't you go and see the dentist?)
(4. Have you taken anything for the pain?)

EXERCÍCIOS

1. Envie um cartão de aniversário à sua amiga portuguesa ou brasileira:

   Querida ....

   Abraços, de

2. A mulher do seu chefe está doente, no hospital. Mande-lhe umas flores e um bilhete.
(Use expressões como: Espero que fique boa logo.
    Espero que melhore logo.
    Espero que volte logo para casa.)

Prezada Sra. .....

Cumprimentos,

3. Quando dizemos?

SAUDAÇÕES
a. Bom Natal!
b. Feliz Ano Novo!
c. Parabéns!
d. Felicidades!
e. Lamento.
f. Boa Páscoa!
g. Feliz Aniversário!

OCASIÕES
__ aniversário/ festa de anos
__ Natal.
__ casamento
__ formatura / licenciatura
__ Páscoa.
__ funeral/ enterro
__ bodas de prata (25 anos de casados)
__ ao passar um exame

4. Você quer enviar cartões de Natal aos seus amigos portugueses e brasileiros.
(Adapt them from the ones you find in the shops in the country where you live)
Use expressões como: Feliz Natal!
    Bom Natal!
    Feliz Ano Novo!
    Próspero Ano Novo!
    Espero que tenha um bom Natal.
    Espero que passe um feliz Natal.

Exercício Oral
What are these radio messages saying?
1.
2.

RESUMO

Funções *(You have learned how to:)*
1. greet people on special days: Feliz Natal!
   express a thought: Pensei que fosse ...
2. show who is who in your family
3. express pleasure: Que bom!
   express sympathy: Que pena!

Gramática *(You have practised:)*
O *se* impessoal. Ex: Enfeita-*se* a árvore.
Os verbos no tempo presente do subjuntivo ou conjunctivo.
Ex: Espero que *fique* boa logo.

Unidade 23
vigésima-terceira unidade

1. DE QUE É FEITO?

A Teresa está num restaurante. Ela experimentou um gelado de champagne e gostou muito. Ela quer a receita.

Teresa	De que é feito este gelado?
Empregado	É feito de *champagne*, açúcar e água.
Teresa	Onde é feito?
Empregado	É feito aqui mesmo no restaurante.
Teresa	Podia me dar a receita?
Empregado	Um momento. Vou perguntar ao chefe.

GELADO DE *CHAMPAGNE ROSÉ*
5 colheres (sopa) de champagne rosé
3 colheres (sopa) de açúcar
2 colheres (chá) de suco de limão
1 copo de água mineral

Bata tudo e leve ao congelador.
Retire de meia em meia hora e bata,
até ficar pronto.

Prática

1. De que é feito este *sorvete de coco* ?

SORVETE DE COCO
100 gramas de coco ralado
1/4 litro de leite
4 gotas de essência de baunilha
100 gramas de açúcar
1/2 litro de natas (P) / creme de leite (BR)
2 colheres (sopa) de rum (opcional)

2. Onde foram feitos?

BRINCO - O BRINQUEDO DO MOMENTO
fabricado em Campo Grande - Brasil

CAMISOLAS
E
CAMISETAS
BORBOLETA
Made in PORTUGAL

CORREIO DA TARDE
impresso em Lisboa

DISCOS E FITAS
DO-RE-MI
Indústria Brasileira

3. Observe a caneta que tem nas mãos.
    Onde foi fabricada? De que é feita?

2. QUANDO VAI SER ENTREGUE?

Henrique precisa de azulejos, então telefona à Firma Nascimento de Azulejos.

Vendedor	Bom dia. Departamento de vendas.
Henrique	Bom dia. Aqui fala Henrique Soares, da Empresa de Construção Cabral. Queria encomendar azulejos.
Vendedor	Sim, senhor. Qual tipo?
Henrique	Queria três caixas do azulejo de número 531, cor beige, que está na página 4 do catálogo.
Vendedor	Um momento. Sim, temos este tipo em estoque.
Henrique	Quando podem ser entregues?
Vendedor	Depois de amanhã está bem?
Henrique	Está bem. E quanto custam?
Vendedor	Dezoito mil a caixa.
Henrique	E o transporte quanto é?
Vendedor	Os azulejos são transportados gratuitamente.
Henrique	Está bem. Muito obrigado. Até logo.
Vendedor	Até logo. Com licença.

Prática

Estudante 1 = vendedor/ vendedora
Estudante 2 = cliente

E1	*(Say hello, sales department)*
E2	*(Say you want to order an electric shower / bricks /roof tiles -* telhas *-)*
E1	*(Ask what kind)*
E2	*(Say what kind/ catalogue number/ colour/ etc.)*
E1	*(Say whether or not you have it in stock)*
E2	*(Ask when it will be delivered)*
E1	*(Say when)*
E2	*(Ask how much it costs)*
E1	*(Say how much)*
E2	*(Ask how much the delivery is)*
E1	*(Say it is free -* é transportado / a / são transportados / as gratuitamente*)*
E2	*(Say thank you, good-bye)*

BANCO DE PALAVRAS
telhas
azulejos
mosaicos (P) / lajotas (BR)
tijolos
tinta para parede
verniz
chuveiro elétrico

unidade 23

3. UM PRESENTE

Teresa e Henrique escolhem um presente de casamento para dois colegas:

Teresa   Que tal um prato para bolo?
Henrique   Qual? Este? É bonito, mas olha, é feito de porcelana, na Inglaterra. Deve ser caro.
Teresa   Que tal um jogo de copos? Este aqui tem meia-dúzia de copos para água, meia dúzia de copos para vinho e meia-dúzia de taças para champagne.
Henrique   Boa idéia. Vamos ver se a loja pode entregar o presente?

Prática

Você e seus colegas estão escolhendo prendas (P) / presentes.
O que vocês decidem comprar para:

- *o aniversário do seu irmão/ da sua irmã ?*
- *o casamento do seu primo/ da sua prima?*
- *as bodas de ouro dos seus avós ?*
- *o aniversário do seu sobrinho de dois anos ?*

Situação

Aqui estão os presentes de casamento que Marcos e Júlia ganharam.
Foram entregues pela própria loja.
Verifique na lista abaixo de que utensílios eles ainda precisam?

rádio portátil
torradeira
meia dúzia de copos para vinho
meia dúzia de copos para água
meia dúzia de copos para champagne
livro de receitas
batedeira de bolos
panelas
tijelas
uma dúzia de pratos
uma dúzia de chávenas/ xícaras
talheres
toalha de mesa
guardanapos
relógio de cozinha
frigideira
assadeira
tabuleiro / bandeja
caixa para pão
tábua para pão
vaso para flores
bule de chá
bule de café

110   cento e dez

EXERCÍCIOS

1. Leia este parágrafo sobre o famoso *caldo verde*. Que verbos são estes?
Ex - feito = *fazer*

O melhor caldo verde é aquele feito em casa.
A hortaliça deve ser comprada fresca no mercado.
A hortaliça é cortada bem fino na hora que é vendida.
O caldo verde é fervido por pouco tempo e deve ser servido imediatamente.

feito _____   comprada _____   cortada _____
vendida _____   fervido _____   servido _____

2. Complete estes avisos:

ESTE VINHO DEVE SER _____ FRESCO
(servir)

ATENÇÃO !
Este desinfetante
não deve ser _____
(ingerir)

ATENÇÃO !
ESTA PORTA É _____
ÀS 9 HORAS.
(fechar)

PERIGO !
Este produto não deve ser _____
em salas fechadas.
(usar)

3. Complete as sentenças com o verbo *fazer*:
Ex: A bolsa é *feita* de couro.
- A toalha é _____ de algodão.
- Os sapatos são _____ de couro.
- O tapete é _____ de lã.
- As sandálias são _____ de tecido.

4. Complete as sentenças:

- A língua portuguesa _____ por mais de 160 milhões de pessoas. *(falar)*

- O vinho do Porto _____ à temperatura ambiente, mas o vinho verde _____ fresco. *(servir)*

- Este jornal _____ em Lisboa. *(imprimir)*

- Este brinquedo _____ na Dinamarca. *(fabricar)*

unidade 23

Leitura

Empresa de Construção Cabral

Lisboa, 31 de Março de 1992

Ao Director de Vendas,
Firma Nascimento de Azulejos

Prezado Sr. Carlos,

Favor enviar os seguintes artigos para o nosso depósito em Lisboa:

No. Catálogo	Inscrição	Quantidade
A-715	azulejos para cozinha	5 caixas
L-312	mosaicos para piso	6 caixas

Debite esta mercadoria à nossa conta. Informe-nos sobre o transporte, por favor.
Agradecemos vossa presteza,
Atenciosamente,

Henrique Soares

Exercício Extra

Escreva uma carta encomendando um produto:
Escolha entre:
1. Livraria Nacional - livros
2. Discos e Fitas DO-RE-MI - discos e fitas cassetes
3. Firma Nascimento de Azulejos - azulejos, lajotas, mosaicos, telhas

Exercício Oral
Why doesn't she want to buy the vase?
What is the jug made of? Will they buy it?

RESUMO

Funções *(You have learned how to:)*
1. say where and of what an object is made: De que é feito? // Onde é feito?
2. order goods: Queria encomendar ...
3. describe some objects: copo de cristal, copo para água

Gramática *(You have practised:)*
Os verbos na VOZ PASSIVA.
Ex: O gelado *é feito* no restaurante.

unidade 24
vigésima-quarta unidade

1. ESTACIONAMENTO PROIBIDO

Guarda	Desculpe, mas não pode estacionar aí.
Motorista	Ah, não? Onde posso estacionar, então?
Guarda	Estacione do outro lado da rua.
Motorista	Obrigado.

Prática

E1	Não podemos estacionar aqui. Olhe, é proibido.
E2	É verdade. / É mesmo. Onde vamos estacionar?
E1	Vamos estacionar ali / do outro lado da rua. / na outra rua.

E1	Não podemos virar à esquerda.
E2	....
E1	....

E1	Não podemos atravessar a ponte porque está impedida.
E2	....
E1	Vamos atravessar a outra ponte. / Vamos voltar para trás. / ....

Leitura

O que significam os sinais de trânsito abaixo?

Proibida a conversão à direita
Proibido ultrapassar
Sentido proibido
Trânsito proibido
Paragem proibida
Sentido obrigatório
Oficina
Telefone
Parque de estacionamento autorizado
Passagem estreita
Passagem de nível
Depressão
Lombada
Valeta

DEPRESSÃO, LOMBA E VALETA

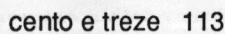

2. SE TOMARMOS À ESQUERDA

Jorge e Ana estão visitando São Paulo, de carro. Eles estão no Paraíso e querem chegar à Rua Augusta.

Ana	Faz favor, qual é o caminho mais rápido para a Rua Augusta?
Guarda	Vocês vão chegar mais rápido se deixarem o carro no estacionamento aqui perto e tomarem o metrô.
Ana	Obrigada.
Catarina	O que foi que ele disse?
Ana	Ele disse que vamos chegar mais rápido se deixarmos o carro aqui no estacionamento e tomarmos o metrô.

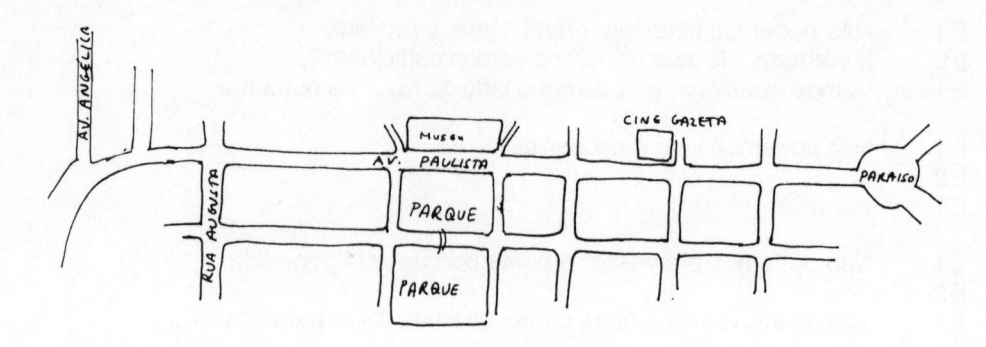

Prática

Estudante 1 = motorista
Estudante 2 = guarda   *Vocês estão no Paraíso.*

I.
E1   (Ask which is the best way for the two of you to get to Avenida Angélica)
E2   (Tell them it is quicker if they leave the car here and take the underground)

II.
E1   (Ask what is the best way to get to the Gazeta Cinema - Cine Gazeta -)
E2   (Tell him/ her that he / she will get there quicker if he/she walks - se fôr a pé -)

III.
E1   (Ask what is the best way to get to the MASP Museum)
E2   (Say he/ she will get there quicker if he/she follows Av.Paulista and then turn left for the car park near the museum.)

3. VAMOS DE BICICLETA ?

João e Mário querem passear de bicicleta.

João	Nós vamos sair de bicicleta, mãe.
Mãe	Aonde vão?
João	Vamos fazer um piquenique no Jardim Botânico.
Mãe	De bicicleta é perigoso. Vão de autocarro.
Mário	Mas de autocarro não tem graça nenhuma. De bicicleta é mais gostoso.
João	É. E também causa menos poluição.
Mãe	Tá bem. Vocês venceram. Mas tomem cuidado.

Prática

Dê a sua opinião.

E1   Vamos de autocarro ou de táxi?
E2   Vamos de autocarro porque é mais barato./ Porque causa menos poluição./
....
E1   Vamos de comboio / trem ou de bicicleta?
E2   Vamos de .... porque ......
E1   Vamos de comboio / trem ou de camioneta / ônibus?
E2   Vamos de ... porque .....
E1   Vamos de bicicleta ou de carro?
E2   Vamos de .... porque .....

BANCO DE PALAVRAS

Porque é   mais   rápido./ perigoso./ confortável.
Porque é   menos   cansativo./ perigoso./ caro.

Porque causa menos acidentes ./ poluição./ congestionamento.

EXERCÍCIOS

1. Complete usando os verbos no tempo futuro do subjuntivo / conjunctivo :

Se eu *tomar* (tomar) o metrô na estação Central, não vou precisar mudar de linha.
Se eu _____ (chegar) cedo ao estádio vou conseguir um bom lugar.

Se nós _____ (tomar) o metrô aqui, vamos chegar mais rápido.
Se nós não _____ (sair) agora, vamos chegar atrasados.

Se vocês _____ (querer), podem vir ao estádio comigo.
Se vocês _____ (sair) agora, vamos todos chegar na hora.

Se ele não _____ (querer) ir de metrô, pode ir de carro.
Se eles _____ (querer) vir comigo, podem vir no meu carro.

2 . Onde podemos ver estes anúncios e avisos?
PAGUE NA CAIXA   EMPURRE   PUXE

SIGA   PARE   **AGUARDE A CHAMADA DO VÔO**

unidade 24

3. Vamos achar os opostos?

1. parar   ___ chegar
2. recuar   ___ descer
3. partir   ___ avançar
4. subir   ___ vir
5. ir   ___ continuar
6. abrir   ___ vender
7. comprar   ___ sair
8. entrar   ___ fechar

4. Hoje estamos no Rio de Janeiro. Vamos ao Estádio Maracanã?
Nosso hotel é no Botafogo. Como fazemos para chegar ao Maracanã?
E na volta?

(você) <u>Tome</u> (tomar) o metrô na estação Botafogo.
         _____ (seguir) até a estação Central.
         _____ (mudar) para a linha 2.
         _____ (descer) na estação Maracanã.

(tu) _____
     _____
     _____

(vocês) _____
         _____
         _____

LINHA 2
- Irajá
- Inhaúma
- Del Castillo
- Morro da Graça
- Maracanã
- São Cristóvão

LINHA 1
- Saens Peña
- São Francisco Xavier
- Afonso Pena
- Estação Central
- Praça Onze
- General
- Presidente Vargas
- Uruguaiana
- Carioca
- Cinelândia
- Glória
- Catete
- Largo do Machado
- Morro Azul
- Botafogo

Exercício Oral
Listen to the announcements and answer:
1. What should passengers and visitors do?
2. Which flight is about to leave? Which gate do passengers have to go to?
3. Last call to where?

RESUMO

Funções *(You have learned how to:)*
1. suggest what we should do: Vamos estacionar ali.
2. say what will happen if you do something: Se tomarem o metrô.
3. compare two things: De bicicleta é mais gostoso.

Gramática *(You have practised:)*
O modo imperativo: Tome./ Tomem./ Toma./ Vamos tomar.
Alguns verbos no tempo futuro do subjuntivo ou conjunctivo nas sentenças condicionais:
     Se *tomarem* o metrô vão chegar mais rápido.

unidade 25
vigésima-quinta unidade

1. CAMPO OU CIDADE ?

Henrique	Onde mora exatamente, Jorge?
Jorge	Moro numa aldeia perto de Coimbra chamada São Miguel.
Henrique	Mas você trabalha em Coimbra, não ê?
Jorge	Trabalho, sim. Vou de carro todos os dias.
Henrique	E não é cansativo?
Jorge	Um pouco. Mas tenho tempo de descansar em casa, depois do trabalho. A aldeia é tranquila.

Prática

E1	(Ask where E2 lives exactly)
E2	(Say where you live)
E1	(Ask whether E2 likes living there)
E2	(Answer)
E1	(Ask why E2 likes / doesn't like living there)
E2	(Say why. Say what are the pros and cons)

Ex:

CAMPO

PRÓS
Há tranquilidade.
O ar é limpo.
Não há barulho de trânsito.
A comida é mais fresca.

CONTRAS
Vive-se longe de tudo e todos.
Não há nada para se fazer à noite.
É longe do trabalho.
  etc.

CIDADE

PRÓS
Há sempre alguma coisa para se fazer à noite.
Há muitas lojas, cinemas, teatros, museus.

CONTRAS
Na cidade a vida é corrida, apressada.
O ar é poluído.
Há sempre congestionamentos de trânsito.
  etc.

Leitura

Algumas pessoas falam sobre onde moram e onde gostariam de morar:

1. Moro num apartamento bem perto do centro da cidade do Rio de Janeiro. É muito prático, porque trabalho lá pertinho. Gostaria de morar numa casa, fora do centro e da poluição. Mas é caro e difícil, e há sempre problemas com assaltos.

2. Moramos numa quinta perto de Agueda. A vida cá é dura. Nosso filho foi trabalhar para Lisboa e por lá ficou. A quinta é longe da cidade, do trabalho, dos amigos, e por isso ele foi embora.

3. Moramos perto do nosso restaurante em Cascais. No verão há muita gente por aqui. No inverno não, e nós trabalhamos pouco. Temos tempo para ir visitar nossos pais lá no norte. Mas não gostaríamos de voltar para lá morar.

2. COMO ERA ?

Helena	Onde morava quando era criança?
Marta	Quando eu era pequena eu morava numa casa num bairro tranquilo.
Helena	Sua mãe trabalhava fora?
Marta	Ela trabalhava com o meu pai na loja que eles tinham. Mas os meus avós eram já aposentados e cuidavam de nós. O meu avô também cuidava do jardim, e a minha avó cozinhava para todos nós.
Helena	Acho que a vida era bem mais tranquila, não era?
Marta	Sem dúvida !

Prática

E1	Onde morava/ moravas quando era criança ? / miúdo ?
E2	Quando eu era pequeno / pequena eu ......
E1	Onde brincava ?/ brincavas?
E2	Eu ...
E1	Com quem brincava? / brincavas?
E2	...
E1	A que escola ia? / ias?
E2	...

Leitura

OS FESTIVAIS ONTEM E HOJE

Todos os países têm os seus festivais tanto religiosos como pagãos. As maiores festas religiosas em Portugal e no Brasil são o Natal e a Páscoa . Mas as Festas dos Santos (P) ou Festas Juninas (BR) em Junho são também importantes.

O maior festival pagão no Brasil e em Portugal é o Carnaval, festejado em Fevereiro ou no começo de Março.

O Carnaval é um festival milenar. Era festejado pelos romanos, num dia em Dezembro. Depois tornou-se o festival do último dia antes da Quaresma. Os festejos duram quatro dias, oficialmente. Mas em muitas partes do Brasil, as festas começam no Ano Novo.

O Carnaval hoje é festejado tanto na rua como em clubes e salões. Algumas pessoas usam máscaras e fantasias. O importante é dançar e cantar e fazer tudo aquilo que não fazemos no resto do ano.

o corso de máscaras gigantes

3. AS JANELAS ESTAVAM QUEBRADAS

Houve um assalto na casa da Marta. Os ladrões arrombaram a porta e entraram. Ela chamou a polícia.

Marta	Aqui fala Marta Alves, da Rua do Porto, 54. MInha casa foi assaltada.
Polícia	Pode descrever como a encontrou?
Marta	Bem, a porta foi arrombada. Encontrei a porta aberta. Na sala e nos quartos havia uma confusão enorme. Todos os armários e gavetas estavam abertos.
Polícia	O que foi que os ladrões roubaram?
Marta	Algumas peças de prata e a minha televisão. Mas quebraram os vasos de plantas e o toca-discos.
Polícia	Aguarde uns minutos. Um policial vai estar consigo logo.
Marta	Obrigada. Até logo.

Prática

Estudante 1 = Você está de férias na praia. Saiu para passear e quando voltou para o hotel, notou que nem tudo estava normal. Descreva como encontrou o seu quarto.
Estudante 2 = polícia

E1	As gavetas estavam... / Os quadros estavam tortos. / O telefone estava ..../ ...
E2	O que o ladrão roubou?
E1	....

BANCO DE PALAVRAS
a gaveta
o armário
o guarda-roupa
o espelho
o quadro
a poltrona

unidade 25

Leitura

O João acaba de chegar de férias. Ele encontrou várias coisas erradas dentro do apartamento.
Leia a carta que ele escreveu à companhia de seguros e responda às perguntas:

À Companhia de Seguros "Segurança",

Prezados Senhores,
　　Meu apartamento foi atingido por chuvas e ventos enquanto eu estava em férias.
　　Quando cheguei notei que três janelas estavam quebradas. Também faltavam várias telhas do telhado do terraço.
　　Havia muita água no chão da cozinha e não havia eletricidade em lugar nenhum.
　　Ficaria grato se os senhores pudessem me dizer o que devo fazer e que formulário preencher.
　　Atenciosamente,

　　João Nogueira

1. What caused the damage?
2. What was wrong in the kitchen?
3. What happened to the balcony?

EXERCÍCIOS

1. Complete a história com os verbos:

morar	cuidar	ir
trabalhar	cozinhar	ser
ser	levar	haver

Quando eu _era_ pequena eu _____ em Lisboa. O meu pai e a minha mãe _____ fora. Os meus avós _____ aposentados e _____ dos miúdos.
A minha avó _____ para todos nós. O meu avô nos _____ a passear no parque. Todos os dias nós _____ ao parque a pé. Nossa rua _____ calma e não _____ muitos carros.

2. Complete:
Onde morava quando era criança? Eu morava _____
Quem cuidava das crianças na sua casa? _____
Onde brincava todo dia? _____
Com quem você brincava? _____
Você ia ao parque? _____
Como era a sua rua? _____

120　cento e vinte

3. Como é? Como era?

Compare as duas figuras e descreva a praça. Assim:
     Em 1920 havia ....   Em 199... há ....
     ao fundo
     no centro
     à direita
     à esquerda

Exercícios Orais

1. Where does he live? Why does he like living there? Can you name one disadvantage?
2. Where does she live? What are the disadvantages of living there?
3. What was stolen? Where? When?

RESUMO

Funções *(You have learned how to:)*

1. say where exactly you live:	Moro numa aldeia perto de ...
to compare two places:	A cidade é mais poluída.
2. to describe a place in the past:	Era tranquilo.
to say what you used to do:	Morava num bairro tranquilo.
3. to describe a place after an accident:	A porta estava aberta.

Gramática *(You have practised:)*
Os verbos no tempo imperfeito do indicativo: Eu *morava* num bairro tranquilo.

unidade 26
vigésima-sexta unidade

1. O QUE FAZIA TODO DIA ?

Ana Maria está de férias no litoral. Todos os dias ela se levanta cedo, veste-se, anda pela praia. Depois, ela volta para o hotel, bebe um café e mais tarde leva as crianças à praia.

Agora Ana Maria está de volta a Lisboa:

Fátima   O que fazia todos os dias nas férias ?
Ana Maria   Eu me levantava cedo, vestia-me, andava pela praia. Depois, voltava para o hotel, bebia um café e mais tarde levava as crianças à praia.
Fátima   E o seu marido também fazia isso todo dia?
Ana Maria   Imagine! Ele se levantava lá pelas onze horas e ia direto jogar golfe.

Prática

E1   O que você fazia / tu fazias todo dia nas férias?
E2   Eu me levantava cedo./ tarde./ às 9 horas./ ...
       Saía todo dia. / Ficava em casa./
       Ia ao clube./ à piscina./ à praia./ ...
       Jogava ténis./ golfe./ futebol./ ...
       Praticava natação./ hipismo./ ...
       Dormia muito./ pouco.
       Comia em casa./ no restaurante.

Extensão

Luís de Souza morou no Rio de Janeiro por três anos, e em Londres por dois anos. Agora mora em Lisboa. Estude os três horários típicos abaixo e responda:
     O que Luís faz agora?
     O que fazia no Rio e em Londres?

Ex.- Em Lisboa o Luís se levanta às 6:30. Em Londres levantava-se às 7:00.

	RIO DE JANEIRO	LONDRES	LISBOA
6:30	levantar-se	-------	levantar-se
7:00	tomar o café da manhã	levantar-se	tomar o pequeno almoço
7:15	ler o jornal	tomar banho	ler o jornal
7:30	sair de casa	tomar o pequeno almoço	sair de casa
8:30	começar a trabalhar	sair de casa	começar a trabalhar
9:00	ter a primeira reunião	começar a trabalhar	ter a primeira reunião
11:00	visitar fábricas	ter aula de inglês	ter reuniões
12:30	almoçar	voltar ao trabalho	almoçar
13:00	"	almoçar	"
14:00	voltar ao trabalho	voltar ao trabalho	"
15:00	ter mais reuniões	ter mais reuniões	voltar ao trabalho
17:00	escrever relatórios	sair do escritório	escrever cartas
18:00	sair do escritório	chegar em casa	"
18:30	chegar em casa	jantar	sair do escritório
19:00	jantar	ver televisão	ir ao bar
20:00	ir ao cinema ou ao bar	ir ao pub	chegar em casa e jantar

2. EU GOSTAVA TANTO DE LÍNGUAS !

(Teresa and Marta talk about what they used to like at school)

Marta   De que matérias gostavas na escola?
Teresa   Gostava de ciências e de educação física. Eu detestava francês.
Marta   É mesmo? Eu gostava tanto de línguas ! Eu ia bem em inglês.
Teresa   Porquê?
Marta   Porque o professor era tão bom que eu não perdia nenhuma aula.

Prática

E1   De que gostavas / gostava quando estavas / estava na escola?/
       estavas na primária ?(P) / no primário / no primeiro ciclo ? (BR)
E2   Gostava de .... / Ia bem em ...
       Gostava tanto de ...!
       Gostava muito de ...
       Não gostava de .... / Ia mal em ....
       Detestava ....
E1   Porquê?
E2   Porque eu não entendia nada./
       /Porque o professor/ a professora era muito bom./ boa,/
       /Porque o professor era tão ruim que eu não ia às aulas !/
       /Porque eu sabia fazer tudo./
       /Porque eu não sabia fazer nada.

Leitura

PLANOS DE ESTUDO

EM PORTUGAL	NO BRASIL	NO PAÍS ONDE VIVE
Primária	*Primário* ou	....
	Primeira Fase do Primeiro Grau	....
4 anos obrigatórios	4 anos obrigatórios	....
idade: dos 6 aos 9 anos	idade: dos 7 aos 10 anos	....
Preparatório	*Segunda Fase do Primeiro Grau*	....
2 anos obrigatórios	4 anos obrigatórios	....
idade: dos 9 aos 11	idade: dos 11 aos 14	....
Secundário	*Segundo Grau*	....
6 anos; 2 obrigatórios	3 anos, não obrigatórios	....
idade: dos 12 aos 18		

3. NO BANCO – ABRINDO UMA CONTA

Cliente Queria abrir uma conta. O que é preciso fazer?
Gerente Primeiro de tudo, precisamos de uma referência, isto é, uma pessoa que possa dar referências a seu respeito.
Cliente Pode ser o meu advogado?
Gerente Pode, pode. E depois precisa preencher este formulário. E pode já assinar este cartão. Precisamos de quatro assinaturas modelo.
Cliente Está bem. E quanto tempo leva para preparar os papéis?
Gerente Depois de trazer a carta de referência, demora mais uma semana. Daí pode vir retirar o livro de cheques e o cartão bancário.
Cliente Posso também pedir extratos de conta?
Gerente Pode, mas não é necessário, pois enviamos extratos uma vez por mês.
Cliente Está bem. Então, obrigado e até logo.
Gerente Até logo.

Prática

Estudante 1 = cliente
Estudante 2 = gerente do banco

I –
E1 (Say you'd like to open an account. Ask what you need to do.)
E2 (Say you need a reference.)
E1 (Ask if it could be from your lawyer / teacher / boss / ...)
E2 (Say yes. Ask him to fill in a form and sign the card.)
E1 (Ask how long it will take to get the papers ready.)
E2 (Say about a week.)
E1 (Ask if you can have a bank card.)
E2 (Say of course he/she can.)
E1 (Say thank you, good-bye.)

II –
E1 (Ask if you can have one of the services below)
E2 (Say yes, but first he/she needs to fill in this form.)

```
BANCO DE PALAVRAS
(P)                                (BR)
creditar dinheiro / um cheque      depositar dinheiro/ um cheque
debitar     "        "             retirar ou debitar    "       "
transferir dinheiro                transferir dinheiro
emitir um cheque                   emitir ou passar um cheque
levantar um cheque                 descontar um cheque
requisitar um livro de cheques     requisitar um talão de cheques

cartão de crédito
aviso de lançamento de juros
débito ≠ crédito
saldo devedor = saldo negativo
```

EXERCÍCIOS

1. O João estava de férias na semana passada. Escreva sentenças descrevendo o que ele fazia. Use os verbos no tempo passado imperfeito.
dormir / acordar / levantar-se
comer / beber / tomar
almoçar / jantar
ler / jogar ...
passear
sair / ir a ...
andar

2. *Bons tempos aqueles !*
Complete esta conversa entre dois senhores idosos que têm saudade de quando eram jovens. Use os verbos no tempo passado imperfeito:

a. Hoje os jovens não respeitam os pais.
b. É verdade. No nosso tempo os filhos .... os pais.
a. Hoje os jovens fazem o que querem.
b. É, mas no nosso tempo nós .... *(fazer)* o que nossos pais .... *(querer)*.
a. Os jovens de hoje têm tanto dinheiro !
b. Nós não .... dinheiro nenhum!
a. Mas os jovens de hoje não me parecem mais felizes.
b. É verdade. Nós .... mais felizes.
a. As moças de hoje nem sabem cozinhar.
b. Mas no nosso tempo elas .... *(saber)*.
a. Hoje em dia elas saem todos os dias com os rapazes.
b. No nosso tempo elas não .... *(sair)*. Elas .... *(ficar)* em casa.
a. Agora vai tudo de mal a pior.
b. Mas no nosso tempo tudo .... bem.

3. Complete com *tão* ou *tanto / tanta* :
a. Olá, Helena. Faz .... tempo que não a vejo.
b. É por causa do frio. Está .... frio que eu não quero sair de casa.
c. É verdade. Há muitos anos que não tínhamos um inverno ...... frio.
d. E com .... chuva !

Exercício Oral
What subject did he use to like? Why?
What did she like?

RESUMO

Funções *(You have learned how to:)*
1. say what you used to do for a while: Andava pela praia.
2. say what you used to like in the past: Gostava de línguas.
   give emphasis to a sentence: Gostava tanto de línguas.
3. ask for details, politely: Pode ser o meu advogado?

Gramática *(You have practised:)*
Os verbos no tempo passado imperfeito do modo indicativo. Ex: Eu *gostava* de línguas.
Os pronomes que dão ênfase a uma sentença. Ex: Eu gostava *tanto* de línguas.
O professor era *tão* bom.

unidade 27
vigésima-sétima unidade

1. EXCURSÃO AO BRASIL

Dia 1 Partida de Lisboa para o Rio de Janeiro às 20.30.
Dia 2 Chegada ao Rio, traslado ao Hotel Estrela de Copacabana . Dia livre.
Dia 3 Passeio ao Pão de Açúcar pela manhã . Visita ao Corcovado e à estátua do Redentor à tarde.
Dia 4 Partida do Rio para Manaus de avião. Chegada às 13.00. Traslado para o Hotel Tropical. Tarde livre.
Dia 5 Passeio de barco pelos rios Negro e Amazonas.
Dia 6 Partida de Manaus para Brasília. Chegada às 12.00. Traslado ao hotel. Almoço. Passeio de pullman pelas avenidas da capital. Visita ao Palácio do Congresso e à Catedral.
Dia 7 Partida para Salvador. Chegada às 14.00. Traslado ao hotel. Passeio pelo centro histórico da cidade. Visita à Igreja do Bonfim.
Dia 8 Dia livre em Salvador.
Dia 9 Partida para São Paulo. Chegada às 14.00. Visita ao Museu de Arte de São Paulo, MASP.
Dia 10 Dia livre para passeios e compras.
Dia 11 Partida para Foz-de-Iguaçu. Chegada às 12.00, Traslado para o hotel. Almoço. Passeio às cataratas de helicóptero (se o tempo permitir).
Dia 12 Passeio de pullman visitando as cataratas na Argentina.
Dia 13 Partida para o Rio de Janeiro. Chegada ao Rio às 14.00. Tarde livre. À noite, visita a uma Escola de Samba.
Dia 14 Dia livre no Rio de Janeiro. Partida para Lisboa às 20.00.

Preço 275.000$00 por pessoa em quarto duplo.
Suplemento para quarto individual: 20.000$00.
Estão incluídos no preço:
    Vôos Lisboa-Rio e Rio-Lisboa.
    Vôos domésticos.
    Traslados para os aeroportos e hotéis no Brasil.
    Os passeios indicados acima.
    Pequeno almoço em todos os hotéis.
    Pensão completa em Foz-de-Iguaçu.

Datas das Partidas

16 Janeiro	12 Maio	15 Setembro
11 Fevereiro	15 Junho	16 Outubro
12 Março	22 Julho	10 Novembro
14 Abril	12 Agosto	8 Dezembro

2. ESCOLHENDO UMA EXCURSÃO

Turista   Eu queria fazer uma excursão pelas praias. Que passeios há?
Recepcionista   Há um ônibus pullman que parte todos os dias às 8 horas e visita a Lagoa e Itapoã.
Turista   Mas volta no mesmo dia, não volta?
Recepcionista   Volta, sim. Volta lá pelas 6 horas.
Turista   Então podia reservar dois lugares para amanhã, faz favor.
Recepcionista   Está bem. Por favor, preencha esta ficha aqui.

Prática

E1 = turista
E2 = recepcionista

I-
E1   (Say you would like to go on a tour of the river)
E2   (Ask when)
E1   (Say tomorrow, and confirm that it returns on the same day, doesn't it?)
E2   (Say yes, and say what time)
E1   (Ask the receptionist to book ..... places)
E1   (Ask the tourist to fill in the form)

II – *Não é?* (Asking for confirmation)

Ex: E1   A excursão *volta* no mesmo dia, *não volta*?
        E2   *Volta, sim.*

        E1   A excursão *não volta* no mesmo dia, *volta* (BR)? // *pois não* (P)?
        E2   *Não, não volta.*

E1   O autocarro parte da estação, ...?
E2   ....

E1   Os passageiros não precisam pagar o guia, ...?
E2   ....

E1   O guia fala português, ...?
E2   ....

E1   Eu não posso voltar no dia seguinte, ...?
E2   ....

3. NÃO CONHEÇO NINGUÉM

O Henrique e a Teresa vão sair de férias. O Henrique quer ir ao Brasil, mas a Teresa não quer.

AS RAZÕES DO HENRIQUE
- Tenho um tio que vive no Rio de Janeiro.
- Fui ao Rio quando era menino.
- Gosto de aventura.
- O Brasil é um país interessante.
- Gostaria de ver os contrastes.

AS RAZÕES DA TERESA
- Não conheço lá ninguém.
- Nunca viajei ao estrangeiro.
- Não gosto nem de aventura nem de mosquitos.
- No Brasil é tudo muito caro.
- Tenho medo de apanhar doenças tropicais.

Porquê o Henrique quer ir ao Brasil?
Porquê a Teresa não quer ir?

Prática

E1   Gostaria de ir ao estrangeiro (P) / exterior (BR)?
E2   Gostaria, sim.
E1   Gostaria de ir ao Brasil? / a Portugal? /ao Japão? /ao Luxemburgo? /à Sicília? /às Bahamas? / à Somália? / a ......
E2   Gostaria./ Não gostaria.
E1   Porquê? / Porquê não ?
E2   Porque não *....

* BANCO DE PALAVRAS
Não tenho dinheiro.
Não conheço *ninguém* lá. (BR) / Não conheço lá *ninguém*. (P)
Não tenho *nenhum* interesse.
Não há *nada* de bom lá. (BR) / Não há lá *nada* de bom. (P)
Não gosto *nem* de .....*nem* de ....
Nem sempre gosto de viajar.

EXERCÍCIOS

1. Complete com as preposições *de, a, em* ou as suas contrações:

Vamos partir .... Lisboa, ... avião amanhã.
Vamos partir .... noite.
Vamos chegar .... Rio ....sete horas ..... manhã.
Vamos .... Corcovado e .... Pão de Açúcar.
Em Foz-de-Iguaçu vamos passear ..... helicóptero.
......Rio vamos fazer uma visita ..... uma escola ..... samba.

2. *por* ou *para* ?

Amanhã vou .... Cascais.
Vou partir lá .... 8 horas.
No caminho vou passar .... Sintra.
Devo ir a Sintra .... entregar um livro a um amigo.

3. Você vai viajar ao Brasil na semana que vem. Faça uma lista do que precisa levar: documentos, roupas, etc.

4. Escreva uma carta a uma agência de viagens perguntando que tipo de excursões eles oferecem.

> Prezados Senhores,
>
> *(1. Say you are going to be in Lisbon next month.)*
> *(2. Say you would like to know* - Gostaria de saber - *what excursions they offer to other towns in Portugal.)*
> *(3. Ask them to send you some brochures* - Podiam mandar-me uns folhetos ?-)
>
> Atenciosamente,
>
> *(4. Write your name and address here)*

Leitura
How are the passengers going to travel to Madrid?
How are the tourists going to travel within Europe?
Are the tours to Toledo and Segovia included in the price?

1º Dia - Sex. - BRASIL
Apresentação no aeroporto para embarque no vôo RG/710 da VARIG, com destino a MADRID.

2º Dia - Sáb. - MADRID
Chegada. Recepção e traslado do aeroporto ao hotel. Alojamento.

3º Dia - Dom. - MADRID
Café da manhã e alojamento. Pela manhã, visita artística: Porta do Sol, Museu do Prado, Palácio Real, etc.

4º Dia - Seg. - MADRID
Café da manhã e alojamento. DIA LIVRE. Possibilidade de realizar excursões - OPCIONAIS de todo dia a TOLEDO, ÁVILA, SEGÓVIA, LA GRANJA.

5º Dia - Ter. - MADRID - Burgos - BILBAO
Café da manhã no hotel. Saída para Burgos. Chegada e visita a sua Catedral. Continuação da viagem até BILBAO. Chegada. Alojamento.

6º Dia - Qua. - BILBAO - Lourdes - BURDEOS LE LAC
Café da manhã no hotel. Saída para a fronteira hispano-francesa. Prosseguimento para LOURDES, onde se visitará a Gruta das Aparições. Continuação da viagem até BURDEOS LE LAC. Chegada. Alojamento.

Exercícios Orais
1. Why can't the coach park opposite the hotel?
Where will the passengers have to wait?
2. Which coach will leave at 9:30?
Where will the passengers have to wait?

RESUMO

Funções *(You have learned how to:)*
1. pay attention to details in a travel brochure: Estão incluídos ...
2. ask about tours and excursions: Que passeios há?
3. give reasons for wanting or not wanting to do something: Não conheço ninguém lá.

Gramática *(You have practised:)*
As preposições: *de, em, a, para, por.*
As frases interrogativas: *Não volta?*
As palavras negativas: *não, ninguém, nunca, nenhum, nem.*

unidade 28
vigésima-oitava unidade

1. OFERTAS ESPECIAIS

A Marta e a Rosa foram às lojas. É a época dos saldos de inverno.

Marta O que compraste?
Rosa   Não comprei nada.
Marta Nada ?
Rosa   Nadinha!
Marta Mas porquê?
Rosa   Porque está tudo tão caro como antes.
       Os únicos artigos mais baratos não são bons.
       Até mesmo o casaco mais barato está caríssimo.

Prática

I – *Você foi às lojas. É a época dos saldos.*
E1   O que comprou? / compraste?
E2   Nada.
E1   Porquê?
E2   Porque os artigos estão caríssimos./
       Porque os artigos não prestam./
       Porque os artigos estão tão caros como antes.

II - *Mais caro? Mais barato? Tão caro como antes?*
E1   Olhe!/ Olha! Esta camisa está a 2000 escudos / cruzeiros.
E2   Mas já estava a esse preço antes da liquidação.
E1   Então está ....

E1   Estas calças custam 4000 escudos / cruzeiros.
E2   Estão .... do que antes. Antes custavam 3700.

E1   Esta televisão está em oferta. Custa só 200.000 escudos / cruzeiros.
E2   Puxa! Que preço bom! Está muito mais ...... que antes.

III – *Preços baratíssimos !*

E1   Esta TV me parece muito cara.
E2   É .... Custa o dobro das outras.

E1   Esta capa impermeável me parece boa.
E2   Pode comprá-la sossegado. / sossegada. Está .... e é de ótima qualidade.

OFERTAS ESPECIAIS
CAMPANHA DE SALDOS !
GRANDE LIQUIDAÇÃO
DESCONTOS
DESCONTOS EXCEPCIONAIS !

2. PERDI A CARTEIRA

Na Esquadra (P) / Na Delegacia de Polícia (BR)

Turista	Perdi a minha carteira.
Policial	Pode me dizer como é a sua carteira, por favor?
Turista	É retangular, de couro preto.
Policial	O que havia lá dentro?
Turista	Havia os meus documentos: a carta de condução, o bilhete de identidade, o passe social, o cartão de crédito.
Polícia	Preencha esta ficha, por favor. Quando encontrarmos a carteira, vamos lhe telefonar.

Prática

Estudante 1 = turista que perdeu algum objeto
Estudante 2 = policial

E1   Perdi a minha carteira./ a minha bolsa./ o meu saco (P)./ a minha sacola./ /a minha mala./ ......
E2   Pode me dizer como é?
E1   ....
E2   O que havia lá dentro?
E1   * ......
E2   Por favor, preencha este impresso./ esta ficha. Vamos lhe telefonar se encontrarmos o seu.... / a sua ......

     BANCO DE PALAVRAS
DOCUMENTOS
o bilhete de identidade (P) = a carteira de identidade (BR)
a carta de condução (P) = a carteira de motorista ou a carteira de habilitação (BR)
o passe social (P) = o passe (BR)
o passaporte

FORMAS
redonda ◯
quadrada ☐
retangular ▭
triangular △
oval ⬭

TAMANHO
pequeno / a
médio /a
grande

MATERIAL
de couro
de plástico
de tecido

3. NÃO FUNCIONA

Rosa	Podia reparar este relógio, por favor?
Relojoeiro	Sim, senhora. Posso abri-lo e amanhã posso lhe dar um orçamento.
Rosa	Quanto tempo vai demorar para repará-lo?
Relojoeiro	Depende. Se tivermos as peças, vai ficar pronto na semana que vem. Mas se as peças estiverem em falta, vai demorar um pouco mais.

Prática

Estudante 1 = freguês / freguesa
Estudante 2 = I - sapateiro / II - costureira / III - empregado/a

I –
E1   Pode reparar/ consertar   estes sapatos/ estas botas/ estas sandálias/ ... por favor?
E2   Isto é simples.
E1   *(Ask when they will be ready)*
E2   Vão ficar prontos . . . .

II – *(You bought a coat, but it is too wide and long for you.)*
E1   Podia reformar (BR) / arranjar (P) este casaco, por favor? Está muito comprido./ largo./ ..
E2   Um momento. Deixe-me marcar com alfinetes.
E1   *(Ask when they will be ready)*
E2   ...

III - Na loja de reparos / consertos :
E1   Podia trocar este zipper, por favor?
E2   No momento não podemos, desculpe, porque este tipo está em falta.
E1   Vão chegar logo?
E2   . . . .

Situação

Você comprou um saco para viagem e usou-o só uma vez.
O fecho quebrou e você não pode mais nem fechar nem abrir o saco.
Leve-o de volta à loja e explique o que aconteceu.

Você	*(Say when you bought the bag)*
Gerente	Talvez a senhora o tenha enchido demais.
Você	*(Say no way did you do that - De jeito nenhum ... -)*
Gerente	Tem o recibo?
Você	*(Say yes, and show it)*
Gerente	Podemos trocar por um saco novo.
Você	*(Say you don't want one; you want your money back - o reembolso)*
Gerente	Sinto muito, mas não podemos reembolsar porque o saco foi usado.
Você	*(Ask if you can change it for a better bag; say you'll pay the difference)*
Gerente	Está bem. Pode escolher o saco e depois volte aqui.
Você	*(Say thank you)*

unidade 28

EXERCÍCIOS

1. Complete a conversa usando os *superlativos*.
Ex: Estes artigos estão *muito baratos*. Estão <u>*baratíssimos*</u>.

a.   Este livro é *muito longo*. É _____.
b.   É, mas custou *muito pouco*. Na verdade custou _____.
a.   Mas como? Em geral este tipo de livro é *(muito caro)* _____.
b.   Eu sei. Mas comprei-o na campanha de saldos. Portanto o desconto foi *(muito grande)* _____. Estou *(muito contente)* _____ porque o livro é *(muito bom)* _____.

OBS. Lembre-se das mudanças ortográficas. Ex: longo –> long*uí*ssimo
    pouco –>pou*quí*ssimo

2. Compare os três rapazes:

	João	*José*	*Joaquim*
idade	19 anos	21 anos	23 anos
altura	1,70m	1,75m	1,79m
peso	64 kg	69kg	65kg

O Joaquim é <u>*mais alto*</u> que o José. Na verdade ele é <u>*o mais alto*</u> de todos.
O João é _____ que o José. Ele é o _____ de todos.
O José é o _____ pesado de todos.
O _____ jovem de todos é o _____ e o mais velho é o _____.

3. Recentemente você esteve hospedado/a no Hotel Miramar. Quando voltou para casa, você notou que o seu estojo de toalete não estava na mala.
Escreva ao hotel descrevendo o estojo e pedindo que o enviem assim que possível.

                                          .... *(data)*
Ao Hotel Miramar Prezado Sr.Gerente,
    Estive hospedado/a no hotel entre os dias .... no quarto Nº ....
    Acho que deixei o meu estojo de toalete no hotel. É um estojo de (1).......... de forma .... com (2)........, de cor .... Dentro havia ....
    Espero que o Sr. e os seus empregados o encontrem. Por gentileza, enviem-no ao endereço abaixo assim que possível. Vou reembolsar os selos assim que receber o estojo.
    Atenciosamente,
    ....

(1) material
(2) o conteúdo do estojo

o estojo	o desodorante	a escova de dente	a pasta de dente	o pente	a escova de cabelo

4. Que forma têm estes objetos?
O pacote é....
O mapa é ....
O fichário (BR) / ficheiro (P) é .....
O barril é ....no topo e convexo nos lados (cilíndrico).

o barril   o pacote   o mapa   o fichário / o ficheiro

5. Olhe os anúncios de objetos à venda. Agora ponha o seu próprio anúncio no jornal, descrevendo um objeto que quer vender.

VENDE-SE

mesa oval de vidro com pés de metal.

6 cadeiras. Estilo moderno.

Cr$400.000 - Tel. 309-8721

---
vende-se

máquina de lavar roupas - ótimo estado.

Motivo: viagem ao exterior.

Tel. 987-5423

Exercícios Orais

1 - ACHADOS E PERDIDOS
What did these poeple lose? What do the objects look like?

2. What's special today at Loja Miramar?

RESUMO

Funções *(You have learned how to:)*
1. give emphasis to reasons: — Porque os artigos estão caríssimos.
2. ask for a description of an object: — Pode me dizer como é?
   describe an object: — É retangular, de couro preto.
3. ask how long a service is going to take: — Quanto tempo vai demorar?
   say that something is not in stock: — As peças estão em falta.

Gramática *(You have practised:)*
Os adjetivos no grau superlativo absoluto. Ex: caro –> *caríssimo*
                                                  bom –> *ótimo* (BR) ; *óptimo* (P)

unidade 29
vigésima-nona unidade

1. QUERIA FAZER UMA CHAMADA A COBRAR

Pessoa Pode me dar uma linha, por favor? Queria fazer uma chamada a cobrar.
Telefonista Qual é o número que deseja chamar?
Pessoa 287 98 01.
Telefonista E o número de onde está a chamar?
Pessoa 61 37 00.
Telefonista Obrigada. Um momento.

Telefonista Desculpe, mas o número está impedido.
Pessoa Não faz mal. Volto a chamar mais tarde.

Prática

Estudante 1 = pessoa que quer telefonar
Estudante 2 = telefonista

E1 (Ask for a line and say you want to make a reversed-charge call)
E2 (Ask what number E1 wants to ring)
E1 (Say the number)
E2 (Ask where E1 is calling from)
E1 (Say the number)
E2 (Say thank you, one moment)
....
E2 (Say it is engaged) ou (Say it is ringing - Está a chamar.)
E1 (Say thank you.) ou (Say you will try again later.)

Situação

I- E1= cliente
    E2= telefonista, recepcionista

E1 (You want to make an appointment with your lawyer - Queria marcar hora ...)
E2 (Ask when for)
E1 (Say for sometime this week)
E2 (Say it is difficult, because the lawyer is very busy - ocupado)
E1 (Ask if you can have an appointment next week)
E2 (Say, yes, fine and ask for E1's name and phone number)
E1 (Answer)

II- E1= paciente
     E2 = recepcionista, telefonista

E1 (Say you want to make an appointment - marcar uma consulta ...)
E2 (Tell E1 the doctor is on holiday)
E1 (Ask if there is another doctor)
E2 (Say yes, but only in the morning)
E1 (Say you want an appointment tomorrow, then)
E2 (Say it is fine, and ask for E1's name and number)
E1 (Give your name and number)

2. O QUE ACONTECEU ?

Motorista	O que aconteceu?
Guarda	Houve um acidente. O trânsito está impedido.
Motorista	Mas como foi?
Guarda	Parece que a pessoa que estava a conduzir aquele automóvel perdeu a direção e bateu contra o poste.
Motorista	Há feridos?
Guarda	Não, mas o carro está todo destruído.

Prática

E1 O que aconteceu?
E2 Houve um acidente.
E1 Mas como foi? / O que aconteceu?
E2 O motorista do carro adormeceu e bateu contra o camião (P) / caminhão (BR)./
/A motorista do carro perdeu a direção e bateu contra o poste. /
/ O pedestre (BR) / transeunte (P) caiu no meio da rua./
/ O pedestre / transeunte perdeu o equilíbrio e caiu./

Leitura

O DESASTRE DE AUTOMÓVEL

Motorista 1	Você ultrapassou onde não devia ultrapassar.
Motorista 2	Não foi culpa minha. Ali pode-se ultrapassar. Você é que não prestou atenção.
Motorista 1	Mas você vinha com velocidade e não parou no cruzamento.
Motorista 2	Isso também não é verdade. No cruzamento não há nenhum sinal para parar.

What happened exactly?
Who do you think is right?

Situação

1. *Imagine that you are a traffic warden* - um guarda de trânsito. *Ask the two drivers questions about the accident. Ex:*
A que velocidade vinha?
Porquê não parou no cruzamento?
Porquê não viu o outro carro?
Quem ultrapassou?

2. *Imagine that you are a driver who has just witnessed the crash. Phone the police and ask for help. Say whether there is anyone injured, whether you need an ambulance or a mechanic. Say where the cars are exactly.*

> BANCO DE PALAVRAS
> colisão = trombada = choque
> socorro
> feridos
> ambulância
> mecânico / oficina mecânica
> rebocador = guincho

3. SAÚDE E BELEZA – DIETAS E REGIMES

Teresa   De hoje em diante estamos os dois de regime.
Henrique   Ah, é?
Teresa   É. Vamos fazer mais exercício. Na comida, nada de doces, gorduras ou cerveja.
Henrique   Cerveja! Porquê nada de cerveja?
Teresa   Porque cerveja engorda.

Prática

I –
E1   Estou de regime. O que me aconselha? / aconselhas?
E2   Deve comer ....
      Não deve comer ...
      Pode comer .... / beber ...... mas com moderação.
      Deve fazer exercícios.

II –
E1   O que deve fazer uma pessoa que quer emagrecer?
E2   Deve ....
E1   O que deve fazer uma pessoa que quer engordar?
E2   ......
E1   O que deve fazer uma pessoa que bebe muito?
E2   ....
E1   O que deve fazer uma pessoa que quer tornar-se vegetariana?
E2   .....

BANCO DE PALAVRAS
emagrecer ≠ engodar
ganhar peso ≠ perder peso
fazer exercícios
tomar comprimidos fortificantes e vitaminas
gorduras, carbo-hidratos, proteínas, açúcar

Leitura

What should Carla do? What should Maria Rita do?

Esta é a primeira vez que escrevo. Tenho 14 anos e peso 40 quilos. Acho que estou muito magra para a minha idade. Gostaria que me indicasse um remédio que me a ajude a engordar.
MARIA RITA - Portalegre

R - És muito jovem para te preocupares com o teu peso. Procura alimentar-te bem e fazer bastante exercício. A natureza vai se encarregar do resto. Não vale a pena tomar remédios ou fortificantes. De qualquer maneira, se quiseres tomá-los, consulta um médico.

Tenho um pouco de gordura localizada. Faço exercícios e estou sempre de regime, mas não consigo livrar-me dessas gordurinhas. Ouvi falar em compressas que dissolvem as gorduras localizadas. Onde posso encontrá-las?
CARLA - Campinas

R - Essas compressas podem ser encontradas nas boas farmácias e drogarias. Como sabe, não posso indicar marcas na revista. Se tiver problema em encontrar as compressas, escreva-me diretamente e indicar-lhe-ei onde as encontrar.

EXERCÍCIOS

1. Escreva uma carta ou FAX para o advogado Dr.Fernandes. Diga-lhe que quer marcar uma reunião e que é urgente.

> *Prezado Sr. Dr. Fernandes,*
>
> *Vou a Portugal no dia ....*
> *Gostaria muito de conversar com o Sr.*
> *(Ask him to make an appointment for you; suggest a day and time.)*
> *Aguardo a sua resposta,*
>
> *Atenciosamente,*

2. Complete o parágrafo:

Hoje saí de casa muito cedo e não vi o meu pai. Quando eu <u>saí</u> *(sair)*, ele <u>estava tomando</u> *(tomar)* banho. Tentei telefonar-lhe na hora do almoço, mas ele não _____ *(estar)* nem em casa nem no escritório. Quando eu _____ *(chegar)* em casa de tarde ele _____ *(visitar)* a minha avó. Enquanto eu _____ *(jantar)* ele _____ *(telefonar)* e _____ *(dizer)* que ia jantar na casa da minha avó. Ele _____ *(voltar)* para casa tarde. Quando ele _____ *(chegar)* eu já _____ *(dormir)*.

3. Leia esta notícia do jornal e responda:

DOIS MORTOS EM ACIDENTE
Na Estrada Nacional 109, próximo de Vila Nova de Gaia, por volta das seis horas da manhã de ontem, deu-se um choque entre três ciaturas do qual resultou dois mortos e dois feridos graves. O condutor do automóvel ON-80-76 de 24 anos morreu no local. O passageiro do automóvel morreu mais tarde, ao dar entrada no hospital local. O motorista e um dos passageiros do segundo automóvel ficaram gravemente feridos. Quanto ao terceiro veículo interveniente no desastre, o seu condutor nada sofreu.

> *Where did the accident happen?*
> *When did it happen?*
> *Who died?*
> *What happened to the driver of the third vehicle?*

Exercícios Orais
1. What happened at the crossing of Rua Douro and Avenida Central? What would you recommend to a friend who needs to go that way?
2. What's wrong with Rua Marconi? Which road should drivers take?

RESUMO

Funções *(You have learned how to:)*
1. ask for a service when making a phone call:
2. describe an accident:
3. give advice:

Queria fazer uma chamada a cobrar.
Houve um acidente.
Nada de cerveja!
Não deve comer doces.

Gramática *(You have practised:)*
Os verbos no tempo passado continuado, e.g.

Estava a ver TV. (P)
Estava vendo TV.

unidade 30
trigésima unidade

1. ADORO TANTO VER COMO JOGAR

Rosa está entrevistando algumas pessoas. Hoje o assunto é desportos / esportes.

1.
Rosa	Olá. Gostas de desportos?
Menino	Adoro.
Rosa	Qual é o teu tipo de desporto preferido?
Menino	Futebol, acho.
Rosa	Mas gostas de ver ou de jogar?
Menino	Adoro tanto ver como jogar.

2.
Rosa	Desculpe, o senhor gosta de desportos?
Senhor	Gosto, sim.
Rosa	O senhor pratica algum desporto?
Senhor	Agora não. Mas quando eu era mais jovem jogava futebol.
Rosa	E porquê não joga mais?
Senhor	Não jogo mais porque estou velho. Prefiro assistir as partidas na TV.

Prática

E1	Gosta / Gostas de desportos (P) / esportes (BR) ?
E2	....
E1	Gosta de ver ou de jogar?
E2	....
E1	Qual tipo / Qual modalidade de esporte prefere?
E2	.....
E1	Qual pratica?
E2	....

2. DETESTO FUTEBOL

Rosa O que acha de futebol?
Rapaz Detesto futebol.
Rosa Porquê?
Rapaz Porque só serve para fazer-nos esquecer dos problemas do dia-a-dia. Para mim, futebol é o ópio do povo.
Rosa Você sempre pensou assim?
Rapaz Não. Quando eu era mais novo eu até gostava de futebol.

Prática

E1 Gosta de ...?
E2 Detesto. / Adoro.
E1 Porquê?
E2 Porque ...
E1 Sempre pensou / pensaste assim?
E2 Pensei, sim. / Não, antes eu ....

BANCO DE PALAVRAS

sempre gostei
nunca gostei
adorava ≠ detestava

BANCO DE PALAVRAS

ESPORTES / DESPORTOS

futebol
basquetebol / basquete (BR) / bola ao cesto
ténis (P) / tênis (BR)
ráguebi
volibol
andebol

LITERATURA

romances
livros de mistério
livros de horror
comédias
livros policiais

PROGRAMAS DE TELEVISÃO

documentários
noticiários
filmes
comédias
desenhos animados

3. COMO SERÁ ?

A Rosa agora está perguntando às pessoas sobre o futuro.

Rosa   Com licença, minha senhora. Como acha que será a vida daqui a vinte anos, mais fácil ou mais difícil?
Senhora   Mais difícil. Acho que teremos mais problemas.
Rosa   A senhora se considera pessimista?
Senhora   Talvez.

Prática

Como será a vida daqui a vinte anos? Examine o quadro abaixo e discuta com os colegas.

E1 Acho que no futuro todos viverão em cidades. O que achas? / O que acha?
E2 Eu também acho.

E1 Eu não acho que poderemos viver no espaço.
E2 Eu também acho que não ./ Pois eu acho que sim.

1. MODO DE VIDA
Todos viverão em cidades
Será possível viver-se no deserto.
Poderemos viver no espaço.
Não haverá mais casamentos.
O conceito de família desaparecerá.
Usaremos energia solar.

2. EDUCAÇÃO
As crianças começarão a escola aos três anos.
Os computadores tomarão o lugar dos professores.
As pessoas terão mais tempo para estudar.
Os estudantes universitários estudarão em casa através de computadores.

3. TRABALHO
Trabalharemos apenas quatro horas por dia.
Todos poderão aposentar-se aos 45 anos.
Haverá mais cooperativas.
Haverá mais multinacionais.

4. POLÍTICA
Os países não terão presidentes ou reis.
O capitalismo e o comunismo desaparecerão.
As armas nucleares serão destruídas.
Não haverá partidos políticos.

5. TRANSPORTE E VIAGENS
Haverá menos transportes coletivos.
Haverá menos carros e mais bicicletas.
As pessoas poderão passar férias no espaço.
As pessoas poderão ter 4 férias por ano.

6. ALIMENTAÇÃO E SAÚDE
Comeremos mais alimentos sintéticos.
Comeremos mais alimentos naturais.
Todos terão máquinas de ginástica.
As pessoas serão mais saudáveis.

EXERCÍCIOS

1. Leia este artigo do Jornal dos Esportes e responda às perguntas:

"TUDO MUITO MAU"
"Foi realmente um jogo muito mau por parte da minha equipa. Não apenas o resultado, mas também a exibição," declarou o técnico do Benfica ontem depois da partida contra o Atlântico. Disse também que os seus jogadores foram lentos e que correram muito com a bola sem marcar golos. Depois acrescentou que, "Temos de jogar mais e melhor, especialmente nesta altura do campeonato."

Como foi o jogo do Benfica?
Como os jogadores se comportaram?
Quais são os planos para o futuro?

2. Dê a sua opinião. Complete as sentenças da coluna da esquerda com palavras da coluna da direita:

Eu o/a acho ...

1. Ela nunca nos diz bom dia.
2. Ele nunca pára de falar!
3. Eu gostaria de ter um casaco como este.
4. Eu não gosto daquela casa.
5. Esse livro só fala de morte e doença.
6. Eu adoro estudar filosofia.

feio/a.
antipático/a.
deprimente.
fascinante.
chato / a.
lindo/ a.

3. Dê a sua opinião sobre diversas coisas e pessoas.
Ex: Eu acho que _roupas cor-de-rosa_ são horríveis.
Eu acho que _____ são antipáticos.
Eu acho que _____ são deprimentes.
Eu acho que _____ são fascinantes.
Eu acho que _____ são chatos.
Eu acho que _____ são lindos.

Exercícios Orais
1. What does he like? What are his plans for the future?
2. What kind of exercises does she do? Does she like sports now? Will she change her mind in the future?

RESUMO

Funções *(You have learned how to:)*
1. say you don't do something anymore: Não jogo mais.
2. compare past and present: Sempre gostei./ Nunca gostei.
3. give your opinion: Acho que todos viverão em cidades.
   agree: Eu também acho./ Também acho que sim./ não.
   disagree: Eu acho que não.

Gramática *(You have practised:)*
Os verbos no presente, passado perfeito e passado imperfeito do modo indicativo.
Os verbos no tempo futuro do modo indictivo. Ex: Todos *viverão* em cidades.

RESUMO

OS NÚMEROS:

0 zero		21 vinte e um	200 duzentos
1 um	11 onze	etc.	201 duzentos e um,
2 dois	12 doze	30 trinta	300 trezentos
3 três	13 treze	40 quarenta	400 quatrocentos
4 quatro	14 catorze	50 cinquenta	500 quinhentos
5 cinco	15 quinze	60 sessenta	600 seiscentos
6 seis	16 dezasseis (P) / dezesseis (BR)	70 setenta	700 setecentos
7 sete	17 dezassete (P) / dezessete (BR)	80 oitenta	800 oitocentos
8 oito	18 dezoito	90 noventa	900 novecentos
9 nove	19 dezanove (P) / dezenove (BR)	100 cem	1000 mil
10 dez	20 vinte	101 cento e um	2000 dois mil, etc.

1.000.000 = um milhão
2.000.000 = dois milhões
1.000.000.000 = 1 bilhão

1/2 = um meio
1/4 = um quarto
1,5 = um e meio / um vírgula cinco
1,5 m = um metro e meio

10 = uma dezena
12 = uma dúzia
100 = uma centena

Numerais Cardinais
1º primeiro / 1ª primeira
2º segundo / 2ª segunda
3º terceiro / 3ª terceira, etc.
4º quarto
5º quinto
6º sexto
7º sétimo
8º oitavo
9º nono
10º décimo

O ALFABETO ou O ABECEDÁRIO:

A	G (ge)	N (ene)	T (te)		K (cá, capa)
B (be)	H (agá)	O	U		W (dábliu)
C (ce)	I	P (pe)	V (ve)		Y (ípsilon, i grego)
D (de)	J (jota)	Q (que)	X (xis)		
E	L (ele)	R (erre)	Z (ze)		
F (efe)	M (eme)	S (esse)			

OS ACENTOS GRÁFICOS:

´ (agudo)   café, sofá, música
^ (circunflexo)   lâmpada, português
` (grave)   à, àquele
~ (til)   não, pão
ç (cedilha)   terça-feira, estação

RESUMO GRAMATICAL

ARTIGOS - ARTICLES

Articles are words that accompany a noun. In English they are very simple: there is one definite article *the* and two indefinite articles *a* or *an*. In Portuguese they agree in number and gender with the noun:

	ARTIGOS DEFINIDOS		ARTIGOS INDEFINIDOS	
	masculino	feminino	masculino	feminino
singular	o	a	um	uma
plural	os	as	uns	umas

Ex: *O* Hotel Estrela é muito bom.
     Há *um* hotel aqui perto?

N.B. In Portuguese articles are often used where they would not be in English, e.g.
 - before the names of countries: O Brasil, A China, etc. But not before Portugal.
 - before possessives (see below): O meu livro; A minha caneta, etc.

PRONOMES - PRONOUNS

Pronouns are words that are related to nouns and which often take their place. There are several kinds of pronouns:

PRONOMES PESSOAIS RETOS = subject pronouns

eu	(I)
tu	(you - informal [P])
você	(you)
ele	(he)
ela	(she)
nós	(we)
(vós)	(you, plural, but very rarely used)
vocês	(you, plural)
eles	(they, masculine)
elas	(they, feminine)

PRONOMES PESSOAIS OBLÍQUOS = direct and indirect object pronouns

Direct object pronouns appear in sentences without a preposition.
Ex.: Levo a camisa.
     Levo-a. (subject pronouns)

Indirect object pronouns appear in phrases that have a preposition.
Ex.: Vou dar a camisa a ele.
     Vou dar-*lhe* a camisa.

(subject pronouns)	(direct object pronouns)	(indirect object pronouns)	(com + pronouns)
eu	me	me, mim	comigo
tu	te	te, ti	contigo
você	o, a	lhe	consigo, com você
ele	o	lhe	consigo, com ele
ela	a	lhe	consigo, com ela
nós	nos	nos	conosco (BR), connosco (P)
vocês	os, as	lhes	convosco, com vocês
eles	os, as	lhes	consigo, com eles
elas	os, as	lhes	consigo, com elas

N.B.
1. When following verbs which end in r, s, z, the pronouns o, a, os, as change to lo, la, los, las.
Ex: Posso provar a camisa?
   (Posso provar-a?)
   Posso prová-*la*?

2. When following verbs which end in -m or any nasal sound, e.g. -am, -ão, the pronouns *o, a, os, as* change to *no, na, nos, nas.*
Ex: Eles deram a camisa ao amigo.
   (Eles deram-*a*.)
   Eles deram-*na* ao amigo.

PRONOMES REFLEXIVOS = reflexive pronouns

Many verbs in Portuguese are called "reflexive verbs", i.e. they have to come together with a pronoun. Ex. Eu *me* levanto às 7 horas.
   or: Levanto-*me* às 7 horas.

PRONOMES PESSOAIS	PRONOMES REFLEXIVOS
eu	me
tu	te
você	se
ele, ela	se
nós	nos
vocês	se
eles, elas	se

If I want to give the idea that I have done something myself, I can use the words *mesmo* ou *próprio* :
   Fui eu *mesma* que fiz o bolo. (I made the cake myself.)
   Ele *próprio* escreveu o livro. (He wrote the book himself.)

N.B. The words *mesmo* and *próprio* have to agree with the person:
   mesmo, mesma, mesmos, mesmas
   próprio, própria, próprios, próprias

PRONOMES POSSESSIVOS e ADJETIVOS POSSESSIVOS = possessives

| | singular | | plural | | |
	masculino	feminino	masculino	feminino	
(eu)	meu	minha	meus	minhas	
(tu)	teu	tua	teus	tuas	
(você)	seu	sua	seus	suas	
(ele, ela)	seu	sua	seus	suas	*dele, dela
(nós)	nosso	nossa	nossos	nossas	
(vocês)	seu	sua	seus	suas	
(eles, elas)	seu	sua	seus	suas	*deles, delas

Ex: o *seu* carro
   o carro *dele* * - it makes sure we are talking about his car and not yours

PRONOMES DEMONSTRATIVOS = demonstrative pronouns

These are words that indicate whether a noun is near or far in relation to the speaker and the listener.

singular		plural		indefinido	
masculino	feminino	masculino	feminino		
este	esta	estes	estas	isto	1*
esse	essa	esses	essas	isso	2*
aquele	aquela	aqueles	aquelas	aquilo	3*

Ex: *Este* carro é meu. *Aquele* carro é do meu amigo. *Esse* carro é teu ?

Some demonstrative pronouns take the place of the noun. *Isto, isso, aquilo* are used when referring to facts or ideas or vaguely identified objects.
Ex: O que é *isto*?
They never refer to people.

1* (near the speaker and the listener)
2* (near the listener but far from the speaker)
3* (far away from both the speaker and the listener)

PRONOMES INTERROGATIVOS = interrogative pronouns

Que? / O que ?	(What?)
Qual ? / Quais ?	(Which?)
Quem ?	(Who?)
De quem ?	(Whose?)
Por quem ?	(Who by ?)
Para quem / A quem ?	(Who for? / Who to?)

Outras palavras interrogativas: / Other question words:

Onde ?	(Where?)
Quando?	(When?)
Por que ou Porquê ?	(Why?)
Quanto ?	(How much?)
Quantos? Quantas ?	(How many?)
Como ?	(How?)

PREPOSIÇÕES - PREPOSITIONS

Prepositions are words that help us introduce time, place, position, condition, manner.
We should never try to translate a preposition on its own. It is better to remember the whole expression or phrase that contains the preposition.
You have seen the following:

de	Ex:	sorvete *de* limão
		Sou *de* Lisboa.
em		Moro *em* Portugal.
a		Vou *a* Lisboa.
com		Vou *com* o meu amigo.
por		Este comboio/ trem passa *por* Faro.
para		Este comboio/ trem vai *para* Portimão.
ao lado de		
em frente de		
atrás de		
entre		
em cima de		
em baixo de		
fora		
dentro		

Sometimes prepositions and articles combine and form some more short words which we call "contrações" (contractions):

Contrações: preposição + artigo

	artigo	o	a	os	as
preposição	em	no	na	nos	nas
	de	do	da	dos	das
	a	ao	à	aos	às
	por	pelo	pela	pelos	pelas

POR and PARA are probably the most difficult prepositions because their uses are so similar. Again, the best way to remember when to use them is to remember a few sentences:

POR
LUGAR (=to pass by):	Todos os dias passo *por* esta ponte.
LUGAR (=to pass near):	Este autocarro passa *por* minha casa.
MEIO (=by means of):	Vou mandar este pacote *pelo* correio, *por* via aérea.
MOTIVO (=because of):	Ela não foi ao trabalho *por* estar doente.
TROCA (=exchange for):	Vou trocar esta camisa *por* uma maior.
TROCA (= pay for):	Paguei três mil *por* esta camisa.
TEMPO (= about):	Ela chega em casa *pelas* oito horas.

PARA
DIREÇÃO (=to)	Este trem vai *para* São Paulo.
OBJECTIVO (=in order to)	Vou à livraria *para* comprar um livro.
TEMPO (=for a certain time)	Temos muita tarefa de casa *para* amanhã.

ADVÉRBIOS - ADVERBS

Adverbs are words that supply additional information about a verb or an adjective. They indicate time, manner, place or degree.
Ex: Pode repetir mais *devagar* ?
        Não posso sair *agora* .

Many adverbs are formed by adding -mente to the feminine form of the adjective.
Ex: lento - lenta -> lentamente

SUBSTANTIVOS E ADJETIVOS - nouns and adjectives

In Portuguese, nouns and adjectives vary in number and gender.
I can talk about um menino (masculine) and uma menina (feminine).
And I can talk about um menino (singular) and dois meninos (plural).

GÉNERO (P) / GÊNERO (BR) (gender)
Some words that end in O are masculine, and some form a feminine in A.
Ex: o menino; a menina.

But there are words that are difficult to tell whether they are feminine or masculine. It is always better to look them up in a dictionary when in doubt.

NÚMERO (number)
Like in English, most words form a plural by having an S added at the end.
Ex: 1 café - 2 cafés
But there are words which change their ending slightly. Ex:
um past*el* - dois past*éis*   uma água miner*al* - duas águas miner*ais*
um pão - dois pães   um galão - dois galões
uma mão - duas mãos
There are no rules for these words ending in ão. Again, it is better to look them up in a dictionary.

The table below shows how some adjectives vary in gender and number.

	singular		*plural*	
masculino		feminino	masculino	feminino
frio		fria	frios	frias
lento		lenta	lentos	lentas
bom		boa	bons	boas
mau		má	maus	más
		quente		quentes
		mineral		minerais
		ruim		ruins

GRAU (degree)

Portuguese has *diminutivos* and *aumentativos*, that is, we can say that something is small or big by changing the ending of words. Ex:
uma casa grande - um casarão
uma casa pequena - uma casinha

Some examples of endings:

AUMENTATIVO	DIMINUTIVO
ão - meninão	inho - menininho
ona - meninona	inha - menininha
zão - pezão	ita - casita
arra- bocarra	ejo - lugarejo

O GRAU DOS ADJETIVOS -

Adjectives may change according to the way we use them.
When we compare two or more people or things, we are dealing with "comparatives".

COMPARATIVOS

1. DE IGUALDADE
O João é *tão alto como* o António. ou O João é *tão alto quanto* o António.
O João trabalha *tanto como* o António.

2. DE SUPERIORIDADE e DE INFERIORIDADE
Queria uma blusa mais larga que esta.
Queria uma blusa maior que esta.

OBSERVE:
mais larga ≠ menos larga (pouco usado)
mais comprida ≠ menos comprida

MAS:
maior (grande)
menor = mais pequeno (só usado em Portugal)
melhor (bom)
pior (ruim, ou mau/ má)

3. SUPERLATIVOS
- ABSOLUTO - absolute; which implies it has no comparison. Ex:
lindo - lindíssimo
bom - ótimo
grande - grandíssimo ou enorme

- RELATIVO - relative to something or somebody else, this is the best of them all. Ex:

lindo	o mais lindo
bonito	o mais bonito
bonita	a mais bonita
bom	o melhor
mau	o pior
má	a pior
grande	o maior
pequeno	o menor
pequena	a menor

VERBOS - VERBS

Verbs are words that tell what action or condition or relationship is going on. Verbs can be composed of more than one word. In Portuguese all verbs fall into three main groups according to the ending of the original form - or infinitive - of the verb. We call these groups conjugações (conjugations), and we divide the verbs into:

verbs ending in   AR   primeira conjugação
                       ER   segunda conjugação
                       IR   terceira conjugação

Most verbs belonging to each group make their endings according to certain rules that can be easily memorized.

Unfortunately, within each group there are verbs that do not always obey the rules. We call them irregular verbs.

MODOS - moods
When we use verbs in any language we can use them in different moods or modes.

    MODO INDICATIVO - indicative mood expresses a fact that is possible.
Ex: Eu vou comprar um carro novo.

    MODO SUBJUNTIVO ou CONJUNTIVO - subjunctive mood expresses a fact that may not be possible. It may also make my fact that was very positive in the example above become hypothetical or dubious.
Ex: Eu vou comprar um carro novo se tiver dinheiro. (I will buy a new car if I have enough money.)

    MODO IMPERATIVO - imperative mood expresses an order or a request.

TEMPOS - tenses
Tenses indicate time. Verbs in both the indicative and subjunctive mood may appear in the present, past or future. In every language there are some complicated names to indicate each kind of present or past or future. You will get to know them as you practise your Portuguese.

OS VERBOS

VERB TABLES

MODO INDICATIVO

TEMPO PRESENTE

VERBOS REGULARES

	1ª conjugação	2ª conjugação	3ª conjugação
	COMPRAR	VENDER	PARTIR
1.eu	compro	vendo	parto
2.tu	compras	vendes	partes
3.você	compra	vende	parte
3.ele, ela	compra	vende	parte
4.nós	compramos	vendemos	partimos
5.vocês	compram	vendem	partem

ALGUNS VERBOS IRREGULARES

	DAR	DIZER	FAZER	ESTAR	IR	PODER	PôR	QUERER
1	dou	digo	faço	estou	vou	posso	ponho	quero
2	dás	dizes	fazes	estás	vais	podes	pões	queres
3	dá	diz	faz	está	vai	pode	põe	quer
4	damos	dizemos	fazemos	estamos	vamos	podemos	pomos	queremos
5	dão	dizem	fazem	estão	vão	podem	põem	querem

	SABER	SAIR	SER	TER	TRAZER	VER	VIR	HAVER*
1	sei	saio	sou	tenho	trago	vejo	venho	
2	sabes	sais	és	tens	trazes	vês	vens	
3	sabe	sai	é	tem	traz	vê	vem	há
4	sabemos	saímos	somos	temos	trazemos	vemos	vimos	
5	sabem	saem	são	têm	trazem	vêem	vêm	

*You will have noticed that the verb HAVER is not used very often. But the third person *há* is used in the sense of there is, there are.

Some verbs that end in IR have an irregular first person (eu).
The other persons are regular, i.e. they have the usual endings.

PREFERIR - eu prefiro, tu preferes, etc.
DORMIR - eu durmo
CONSEGUIR - eu consigo
PEDIR - eu peço
OUVIR - eu ouço
DIZER - eu digo
SERVIR - eu sirvo

TEMPO PASSADO PERFEITO - PRETÉRITO PERFEITO

The perfect tense expresses an action that happened in the past and has finished. It corresponds to both have done and did tenses in English.

VERBOS REGULARES

	1ª conjugação	2ª conjugação	3ª conjugação
	COMPRAR	VENDER	PARTIR
1.eu	comprei	vendi	parti
2.tu	compraste	vendeste	partiste
3.você	comprou	vendeu	partiu
3.ele, ela	comprou	vendeu	partiu
4.nós	comprámos	vendemos	partimos
5.vocês	compraram	venderam	partiram
5.eles, elas	compraram	venderam	partiram

ALGUNS VERBOS IRREGULARES

	DAR	DIZER	FAZER	ESTAR	IR	PODER	PôR	QUERER
1.	dei	disse	fiz	estive	fui	pude	pus	quis
2.	deste	disseste	fizeste	estiveste	foste	pudeste	puseste	quiseste
3.	deu	disse	fêz	esteve	foi	pôde	pôs	quis
4.	demos	dissemos	fizemos	estivemos	fomos	pudemos	pusemos	quisemos
5.	deram	disseram	fizeram	estiveram	foram	puderam	puseram	quiseram

	SABER	SAIR	SER	TER	TRAZER	VER	VIR	HAVER
1.	soube	saí	fui	tive	trouxe	vi	vim	
2.	soubeste	saíste	foste	tiveste	trouxeste	viste	vieste	
3.	soube	saiu	foi	teve	trouxe	viu	veio	houve
4.	soubemos	saímos	fomos	tivemos	trouxemos	vimos	viemos	
5.	souberam	saíram	foram	tiveram	trouxeram	viram	vieram	

TEMPO PASSADO IMPERFEITO - PRETÉRITO IMPERFEITO

We use the imperfect tense:

1. to describe actions or facts that used to happen in the past but that do not happen any more.
Ex: Eu *ia* sempre ao cinema, mas agora nunca vou.

2. to describe a state or condition in the past.
Ex: *Estava* frio, mas agora está calor.

VERBOS REGULARES

	1ª conjugação	2ª conjugação	3ª conjugação
	COMPRAR	VENDER	PARTIR
1.eu	comprava	vendia	partia
2.tu	compravas	vendias	partias
3.você	comprava	vendia	partia
3.ele, ela	comprava	vendia	partia
4.nós	comprávamos	vendíamos	partíamos
5.vocês	compravam	vendiam	partiam
5.eles, elas	compravam	vendiam	partiam

VERBOS IRREGULARES

	IR	POR	SER	TER	VIR
1.	ia	punha	era	tinha	vinha
2.	ias	punha	eras	tinhas	vinhas
3.	ia	punha	era	tinha	vinha
4.	íamos	púnhamos	éramos	tínhamos	vínhamos
5.	iam	punham	eram	tinham	vinham

TEMPO PRESENTE "CONTINUADO"

We use this tense when we want to describe something that is going on now. This tense is formed by two words:
1. The verb ESTAR in the present in the form that corresponds to the person in question. Ex: (eu) Estou
2. The verb that describes the action. Ex: a estudar. (P)
                                              estudando. (BR) (P)

Estou a estudar.   VERBO ESTAR (presente) + A + INFINITIVO do verbo principal (P)
Estou estudando. VERBO ESTAR (presente) + GERÚNDIO do verbo principal

TEMPO PASSADO "CONTINUADO"

We use this tense when we want to describe something that was going on at the time that something else happenned. Ex: Eu *estava tomando* banho quanto o telefone tocou.

Estava a tomar. VERBO ESTAR (imperfeito) + A + INFINITIVO do verbo principal.
Estava tomando. VERBO ESTAR (imperfeito) + GERÚNDIO do verbo principal.

TEMPO FUTURO - informal

O VERBO IR no tempo presente seguido do VERBO PRINCIPAL :
Ex: *Vou partir* amanhã.

eu	vou partir.
tu	vais
você	vai
ele/ ela	vai
nós	vamos
vocês	vão
eles/ elas	vão

TEMPO FUTURO SIMPLES

VERBOS REGULARES

	1ª conjugação	2ª conjugação	3ª conjugação
	COMPRAR	VENDER	PARTIR
1.eu	comprarei	venderei	partirei
2.tu	comprarás	venderás	partirás
3.você	comprará	venderá	partirá
3.ele, ela	comprará	venderá	partirá
4.nós	compraremos	venderemos	partiremos
5.vocês	comprarão	venderão	partirão
5.eles, elas	comprarão	venderão	partirão

VERBOS IRREGULARES

	DIZER	FAZER	TRAZER
1.	direi	farei	trarei
2.	dirás	farás	trarás
3.	dirá	fará	trará
4.	diremos	faremos	traremos
5.	dirão	farão	trarão

TEMPO FUTURO DO PRETÉRITO ou CONDICIONAL - Informal

O VERBO IR no tempo imperfeito seguido do VERBO PRINCIPAL :
Ex: *la partir* amanhã.

eu	ia	partir.
tu	ias	
você	ia	
ele/ ela	ia	
nós	íamos	
vocês	iam	
eles/ elas	iam	

TEMPO FUTURO DO PRETÉRITO ou CONDICIONAL

VERBOS REGULARES

	1ª conjugação	2ª conjugação	3ª conjugação
	COMPRAR	VENDER	PARTIR
1.eu	compraria	venderia	partiria
2.tu	comprarias	venderias	partirias
3.você	compraria	venderia	partiria
3.ele, ela	compraria	venderia	partiria
4.nós	compraríamos	venderíamos	partiríamos
5.vocês	comprariam	venderiam	partiriam
5.eles, elas	comprariam	venderiam	partiriam

VERBOS IRREGULARES

	DIZER	FAZER	TRAZER
1.	diria	faria	traria
2.	dirias	farias	trarias
3.	diria	faria	traria
4.	diríamos	faríamos	traríamos
5.	diriam	fariam	trariam

MODO SUBJUNTIVO ou CONJUNTIVO
TEMPO PRESENTE
VERBOS REGULARES

	1ª conjugação	2ª conjugação	3ª conjugação
	TOMAR	METER	ABRIR
1.eu	compre	venda	parta
2.tu	compres	vendas	partas
3.você	compre	venda	parta
3.ele, ela	compre	venda	parta
4.nós	compremos	vendamos	partamos
5.vocês	comprem	vendam	partam
5.eles, elas	comprem	vendam	partam

VERBOS IRREGULARES

	DAR	DIZER	FAZER	ESTAR	IR	PODER	PôR	QUERER
1.	dê	diga	faça	esteja	vá	possa	ponha	queira
2.	dês	digas	faças	estejas	vás	possas	ponhas	queiras
3.	dê	diga	faça	esteja	vá	possa	ponha	queira
4.	demos	digamo	façamos	estejamos	vamos	possamos	ponhamos	queiramos
5.	dêem	digam	façam	estejam	vão	possam	ponham	queiram

	SABER	SAIR	SER	TER	TRAZER	VER	VIR	HAVER
1.	saiba	saia	seja	tenha	traga	veja	venha	
2.	saibas	saias	sejas	tenhas	tragas	vejas	venhas	
3.	saiba	saia	seja	tenha	traga	veja	venha	haja
4.	saibamos	saiamos	sejamos	tenhamos	tragamos	vejamos	venhamos	
5.	saibam	saiam	sejam	tenham	tragam	vejam	venham	

MODO SUBJUNTIVO OU CONJUNTIVO
TEMPO PASSADO IMPERFEITO

VERBOS REGULARES

	1ª conjugação	2ª conjugação	3ª conjugação
	TOMAR	METER	ABRIR
1.eu	comprasse	vendesse	partisse
2.tu	comprasses	vendesses	partisses
3.você	comprasse	vendesse	partisse
3.ele, ela	comprasse	vendesse	partisse
4.nós	comprássemos	vendêssemos	partíssemos
5.vocês	comprassem	vendessem	partissem
5.eles, elas	comprassem	vendessem	partissem

ALGUNS VERBOS IRREGULARES

	DAR	DIZER	ESTAR	FAZER	IR	PODER
1.	desse	dissesse	estivesse	fizesse	fosse	pudesse
2.	desses	dissesses	estivesses	fizesses	fosses	pudesses
3.	desse	dissesse	estivesse	fizesse	fosse	pudesse
4.	déssemos	disséssemos	estivéssemos	fizéssemos	fôssemos	pudéssemos
5.	dessem	dissessem	estivessem	fizessem	fossem	pudessem

	PÔR	QUERER	SABER	SAIR	SER
1.	pusesse	quisesse	soubesse	saísse	fosse
2.	pusesses	quisesses	soubesses	saísses	fosses
3.	pusesse	quisesse	soubesse	saísse	fosse
4.	puséssemos	quiséssemos	soubéssemos	saíssimos	fôssemos
5.	pusessem	quisessem	soubessem	saíssem	føssem

	TER	TRAZER	VER	VIR	HAVER
1.	tivesse	trouxesse	visse	viesse	
2.	tivesses	trouxesses	visses	viesses	
3.	tivesse	trouxesse	visse	viesse	houvesse
4.	tivéssemos	trouxéssemos	víssemos	viéssemos	
5.	tivessem	trouxessem	vissem	viessem	

MODO SUBJUNTIVO OU CONJUNTIVO

TEMPO FUTURO

VERBOS REGULARES

	1ª conjugação	2ª conjugação	3ª conjugação
	TOMAR	METER	ABRIR
1.eu	comprar	vender	partir
2.tu	comprares	venderes	partires
3.você	comprar	vender	partir
3.ele, ela	comprar	vender	partir
4.nós	comprarmos	vendermos	partirmos
5.vocês	comprarem	venderem	partirem
5.eles, elas	comprarem	venderem	partirem

ALGUNS VERBOS IRREGULARES

	DAR	DIZER	FAZER	ESTAR	IR	PODER	PôR
1.	der	disser	fizer	estiver	for	puder	puser
2.	deres	disseres	fizeres	estiveres	fores	puderes	puseres
3.	der	disser	fizer	estiver	for	puder	puser
4.	dermos	dissermos	fizermos	estivermos	formos	pudermos	pusermos
5.	derem	disserem	fizerem	estiverem	forem	puderem	puserem

	QUERER	SABER	SER	TER	TRAZER	VER	VIR	HAVER
1.	quiser	souber	for	tiver	trouxer	vir	vier	
2.	quiseres	souberes	fores	tiveres	trouxeres	vires	vieres	
3.	quiser	souber	for	tiver	trouxer	vir	vier	houver
4.	quisermos	soubermos	formos	tivermos	trouxermos	virmos	viermos	
5.	quiserem	souberem	forem	tiverem	trouxerem	virem	vierem	

MODO IMPERATIVO

We use the Imperative when we want to express:
- instruction: *Vire* à esquerda.
- order: Não *fume*.
- request: Por favor, *leve* as malas para o carro.
- advice: *Tome* cuidado.

VERBOS REGULARES

	1ª conjugação	2ª conjugação	3ª conjugação
	TOMAR	METER	ABRIR
tu (positivo)	toma	mete	abre
(negativo)	não tomes	não metas	não abras
você	tome	meta	abra
vocês	tomem	metam	abram

ALGUNS VERBOS IRREGULARES

	DAR	DIZER	ESTAR	FAZER
tu (positivo)	dá	dize	está	faz
(negativo)	não dês	não digas	não estejas	não faças
você	dê	diga	esteja	faça
vocês	dêem	digam	estejam	façam

	IR	PÔR	QUERER	SABER	SER
tu (positivo)	vai	põe	quer	sabe	sê
(negativo)	não vás	não ponhas	não queiras	não saibas	não sejas
você	vá	ponha	queira	saiba	seja
vocês	vão	ponham	queiram	saibam	sejam

	TER	TRAZER	VER	VIR
tu (positivo)	tem	traz	vê	vem
(negativo)	não tenhas	não tragas	não vejas	não venhas
você	tenha	traga	veja	venha
vocês	tenham	tragam	vejam	venham

O GERÚNDIO

The gerund is nearly always used with the verb ESTAR in the continuous tenses.
It is formed like this:

Take any verb in the infinitive and take away the letter R:
Ex: ANDAR - R = ANDA
Add the letters NDO: ANDA + NDO = *ANDANDO*

O PARTICÍPIO PASSADO

This form of the verb has many uses.
It is used in most compound tenses with an auxiliary verb and it is used to form the passive voice (see below).
It is usually regular, and it is formed like this:

VERBOS REGULARES

1ª conjugação	2ª conjugação	3ª conjugação
COMPRAR	VENDER	PARTIR
- AR	- ER	- IR
+ ADO	+ IDO	+ IDO
COMPRADO	*VENDIDO*	*PARTIDO*

ALGUNS PARTICÍPIOS IRREGULARES:

VERBO	PARTICÍPIO
abrir	aberto
dizer	dito
entregar	entregue ou entregado
escrever	escrito
fazer	feito
imprimir	impresso
pagar	pago
pôr	posto
querer	quisto ou querido
ver	visto

VOZES - VOICES

Actions or almost anything that happens can be expressed in two ways:
I can say that "I washed my car." = "*Lavei* o meu carro."
or I can say that "My car was washed." = "O meu carro *foi lavado*."

The first type of sentence is called "active", because the subject "I" is the one who did something.
The second sentence is called "passive" because the subject "the car" had something done to it.

In Portuguese, the passive is formed as it is in English, by using the verb SER followed by the past participle of the main verb.
The past participle must agree in gender and number with the person.
 Ex: O carro foi lavado.
    Os carros foram lavados.
    As camionetas foram lavadas.

When forming the passive voice, the verb *ser* takes the tense of the main verb in the active sentence. Ex: *Lavo* o carro toda semana.
Lavo is in the present indicative tense, therefore the verb ser will take that tense: *é*.
 Therefore: O carro *é* lavado toda semana.

Sometimes the passive voice is formed by using the word *se* after the verb.
 Ex: Vendem-*se* casas.
    Precisa-*se* .

EXERCÍCIOS ORAIS
TAPESCRIPT

UNIDADE 4

I -
1. a. Por favor, onde é a farmácia?
   b. A farmácia é em frente do parque.
2. a. Onde é o correio?
   b. Entre a farmácia e o banco.
3. a. Faz favor, onde é o restaurante?
   b. O restaurante é ao lado do banco, à direita.
4. a. Por favor, há um bar aqui perto?
   b. Há, sim. É ao lado do hotel.
5. a. Onde é a estação, por favor?
   b. É atrás do hotel.

II -
1. Para a estação, se faz favor.
2. Para o aeroporto, por favor.
3. Quanto é a corrida para a praia?

UNIDADE 5
a. Quanto é o quarto de solteiro?
b. O quarto de solteiro com banho é três mil por noite; sem banho é dois mil.
a. E quanto é o quarto de casal?
b. O quarto de casal é quatro mil por noite com banho.

UNIDADE 6
Horários
As lojas abrem às nove e fecham às seis e meia.
O supermercado abre às oito horas e fecha às vinte horas.
Os bancos abrem às dez horas e fecham às dezasseis horas.
A farmácia "Bom Dia" está aberta vinte e quatro horas hoje.

UNIDADE 7
A camioneta para Coimbra parte às cinco horas da plataforma três.
O comboio para Lisboa parte às oito e trinta e dois da linha um.
O ônibus para São Paulo parte às sete horas, da plataforma sete-A.
O ônibus para Salvador parte às vinte e duas horas da plataforma vinte e um.

UNIDADE 8
Duas latas de ervilhas a oitenta cruzeiros cada.
Um pacote de biscoitos a cinquenta e cinco escudos.
Dois pães a setenta escudos cada um.

UNIDADE 9
1. Elisa, aqui é a Ana. Não posso ir à praia porque tenho dor de estômago. Você pode me telefonar depois das cinco horas?
2. Joaquim, daqui é o Pedro. Podes me telefonar até as oito da noite? Estou na casa da minha mãe. O número é três-cinco-quatro- zero- nove-um.

UNIDADE 10

I -
O filme na sala dois hoje é "A Pequena Sereia". A sessões começam às dezasseis horas e às dezoito horas.
O filme na sala três hoje é "Mona Lisa". O espetáculo começa às vinte e uma horas.

II -
Marta   Gosto de nadar e de ir ao cinema. Mas não gosto de jogar cartas.
António Gosto de tocar guitarra e de ver televisão. Não gosto de ir ao cinema.
Lia   Não gosto de nadar. Gosto muito de tocar piano e guitarra.
João   Gosto de ir ao cinema e de ver televisão, mas não gosto de teatro.

UNIDADE 12
Ele é alto, gordo, tem cabelos castanhos.
Ela é magra, não muito alta. Usa óculos. Tem cabelos curtos, castanhos.

UNIDADE 13
Empregada   O que vão pedir?
Marta   Uma espetada mista de peixes.
João   Uma omelete de queijo e uma salada mista.
Empregada   E para beber?
Marta   Uma garrafa de água mineral sem gás.
João   E uma garrafa de vinho branco.
Empregada   E para sobremesa?
Marta   Para mim só um café.
João   Um pastel de nata e um café.

UNIDADE 14
1. Vire a primeira à direita e depois a primeira à esquerda. O correio fica a uns duzentos metros à esquerda.

2. Tome a segunda à esquerda. O Centro de Turismo fica a uns cem metros à direita.

3. Tome a primeira à direita. O cinema fica a uns cem metros à esquerda.

UNIDADE 15
Apartamento para alugar.
Apartamento de frente para o mar, no segundo andar de um prédio moderno.
Dois quartos, banho, cozinha, sala e terraço.
Setenta mil por mês.
Telefone: três-quatro, quatro-cinco, cinco-dois.

UNIDADE 16
O chuveiro não funciona.
A torneira da cozinha não funciona.
Não há tomada no quarto.

UNIDADE 17
1. Chuvas no interior, temperatura máxima dezesseis graus.
No litoral, sol de manhã, mas possibilidade de chuvas à tarde.
Temperatura máxima vinte e três graus.

2. Sol na capital, mas céu nublado no norte do país.
Temperatura máxima quinze graus.
No litoral sul, sol e poucas nuvens.
Temperatura máxima vinte graus.

UNIDADE 18
1. Oferta especial nas Lojas Bom-Preço. Leve uma calça e ganhe grátis um cinto.

2. Oferta especial hoje na secção de pronto-a-vestir das Lojas Mulher Moderna. Compre uma camiseta e leve grátis um par de meias.

UNIDADE 19

I - a. Queria falar com o Carlos, por favor.
     b. Um momento. Vou chamá-lo.

II - a. O Senhor António está?
     b. Neste momento, não.

III - a. Queria falar com a Marta.
      b. Aqui não tem ninguém com esse nome.

UNIDADE 20
E agora, o resultado dos jogos de hoje:
SANTOS - três   PALMEIRAS - dois
JUVENTUS - dois   SÃO PAULO - um
Empate para o FLAMENGO e o FLUMINENSE; dois a dois é o resultado.
ACADÉMICA - dois   BOA VISTA - um
UNIÃO - três   ATLÂNTICO - dois
Empate entre o LUSITANO e o COMERCIAL: três - três.

UNIDADE 21

I - a. O que fazes?
     b. Sou estudante de medicina.
     a. Ah, vais ser médica?
     b. Vou, mas vão levar cinco anos.
     a. Cinco anos!
     b. Pois, é um curso longo e difícil.

II - a. O que você faz?
     b. Agora no momento sou estudante.
     a. De quê?
     b. De psicologia.
     a. Você está contente com o curso?
     b. Mais ou menos.

UNIDADE 22
1. Feliz Natal, é o que lhe deseja o Banco Grande Cidade.

2. A Companhia de Seguros "Vai-com-Cuidado" deseja a todos os seus clientes um Próspero Ano Novo.

UNIDADE 23
a. Então, o que você acha deste vaso?
b. Não gosto muito. Do que é feito?
a. De prata.
b. Prata é difícil de limpar.
a. Então vamos levar este jarro?
b. Do que é feito?
a. Diz aqui: feito de cristal puro na Escócia.
b. Deve ser caro.
a. Eu sei, mas tudo é caro hoje em dia.

UNIDADE 24
1. Atenção, senhores passageiros e visitantes.
Por favor, verifiquem que os seus carros esttão trancados. A direção não se responsabiliza por perdas e roubos.

2. Atenção, senhores passageiros do vôo número quatro-cinco-nove com destino ao Rio de Janeiro. Embarque imediato na porta número três.

3. Atenção, última chamada, vôo sete-sete-um com destino a Lisboa. Embarque imediato pelo portão nove.

UNIDADE 25

1. Moro numa casa pequena, perto do centro da cidade. Eu gosto de morar lá, mas os meus pais não gostam. Eles dizem que há muito barulho de trânsito. Mas é prático porque moro perto dos meus amigos e da escola.

2. Moramos num apartamento grande, bem central. Gostaríamos de morar numa casa fora do centro, mas é perigoso com tantos assaltos.

3.
I- Estou!
II- Polícia, por favor.
I- Pode falar.
II- O meu carro foi roubado.
I- Onde?
II- Em frente da pastelaria "Nova Cidade", na Rua Branca.
I- Quando foi isso?
II- Não sei. Eu estava no emprego, mas foi entre as oito e meia e o meio-dia.

UNIDADE 26
I- Do que você gostava quando estava na escola?
II- Eu gostava de matemática.
I- É verdade? Eu detestava matemática. Eu gostava mesmo era de desenho.
II- Porquê?
I- Porque o professor era tão legal que eu não perdia uma aula!
II- O meu professor era terrível.

UNIDADE 27

1. Atenção, senhores passageiros para a excursão à Lagoa e a Itapoã.
O auto-pullman vai partir do fundo do hotel, porque não pode estacionar na frente.
Por favor, esperem pelo guia na recepção.

2. Atenção, senhores excursionistas para Sintra.
O autocarro vai partir às nove e trinta.
Por favor, esperem pelo guia no restaurante do hotel.

UNIDADE 28
1.
a. Perdi a minha carteira. É branca, com zipper. Tem as minhas iniciais na frente.
b. Perdi o meu guarda-chuva. É preto e tem bolinhas brancas.
c. Perdi um chaveiro de pedras com três chaves.

2. Aproveitem esta campanha sensacional de ofertas nas Lojas Miramar. Roupas para cavalheiros pela metade do preço. Roupas para miúdos com descontos grandes. E para senhoras é quase tudo de graça.

UNIDADE 29

1. Atenção, senhores ouvintes.
Houve um acidente na esquina da Rua do Douro e Avenida Central, entre dois automóveis que se chocaram. Os dois motoristas ficaram feridos, mas nenhum deles gravemente. Porém, o trânsito está impedido nas duas ruas.

2. Atenção, senhores ouvintes.
Devido a reparos na Rua Marconi, o trânsito se encontra impedido. Os motoristas devem usar a Avenida da República, paralela à Rua Marconi. Há bastante congestionamento na região.

UNIDADE 30

1. Eu gosto de muitos desportos, principalmente de futebol e basquetebol. Pratico futebol. No futuro acho que jogarei futebol profissionalmente.

2. Eu não gosto nada de esportes. Não vejo os jogos pela TV, nunca. Mas eu faço exercícios, sim. Corro pela praia e nado quase todo fim-de-semana. Não, eu acho que jamais virei a gostar de esportes.

GRAMMATICAL INDEX

Numbers indicate units in which the grammatical points appear

adjectives
- gender and number **3**
- comparatives **18**
- superlatives **20, 28**

adverbs
- of time **21**
- of frequency **11, 21**

articles **1, 2, 3, 13**

numerals
- 0-9 **1**
- 10-20 **2**
- 20-99 **3**
- 100-900 **4**
- 1000+ **5**

possessives **1, 2**

prepositions **1, 4, 6, 13**

pronouns
- personal pronouns **1, 2**
- personal pronouns - direct and indirect **8**
- interrogative pronouns **1, 11, 19**
- demonstrative pronouns *isto, aquilo* **2**
  isso **13**
  este, aquele **2**
- reflexive pronouns **9, 26, 29**
- impersonal SE **22**

question tags **27**

substantives **8**, gender **11**

verbs
- ser **1**
- estar **2**
- ter **3**
- haver **4**
- haver *Há tanto tempo...* **16**
- indicative mood
  - present **3, 4, 5, 6, 7, 8, 9, 11, 12**
  - perfect **16, 19, 30**
  - imperfect **25, 26**
  - simple future **30**
  - informal future **17**
  - conditional **3, 10**
  - present continuous **19**
- imperative mood **14, 15**
- subjunctive mood
  - present **22**
  - imperfect **21**
  - future **24**

167

ÍNDICE GRAMATICAL

os números indicam em qual unidades os pontos gramaticais aparecem

adjetivos
    gênero e número **3**
    comparativos **18**
    superlativos **20, 28**

advérbios
    de tempo **21**
    de frequência **11, 21**

artigos **1, 2, 3, 13**

numerais
    0-9 **1**
    10-20 **2**
    20-99 **3**
    100-900 **4**
    1000+ **5**

possessivos **1, 2**

preposições **1, 4, 6, 13**

pronomes
    pronomes pessoais **1,2**
    pronomes pessoais retos e oblíquos **8**
    pronomes interrogativos **1, 11, 19**
    pronomes demonstrativos   *isto, aquilo* **2**
                                          isso **13**
                                          este, aquele **2**
    pronomes reflexivos **9, 26, 29**
    SE impessoal **22**

substantivos **8**, gênero **11**

verbos
    ser **1**
    estar **2**
    ter **3**
    haver **4**
    haver *Há tanto tempo...* **16**
    modo indicativo
        presente **3, 4, 5, 6, 7, 8, 9, 11, 12**
        perfeito **16, 19, 30**
        imperfeito **25, 26**
        futuro simples **30**
        futuro informal **17**
        condicional **3, 10**
        presente continuado **19**
    modo imperativo **4, 15**
    modo subjuntivo ou conjuntivo
        presente **22**
        imperfeito **21**
        futuro **24**

INDEX OF FUNCTIONS AND SITUATIONS

Numbers indicate units in which the functions or situations appear

accommodation **5, 15**
advice, giving advice **14, 24**
asking a favour **5**
asking directions **4**
asking for help **29**
asking if something is available **3, 8**
asking permission to do something **5**
asking where a place is **1**
bank services **26**
booking a trip **27**
buying tickets **4, 7, 30**
camping **5**
choosing a present **23**
choosing tours, trips **27**
comparing means of transport **24**
comparing people **30**
comparing places **25**
comparing places **30**
comparing present, past and future activities **30**
comparing prices and goods **28**
complaining **3, 15**
describing a holiday **17**
describing an accident **29**
describing dishes **23**
describing everyday activities **11**
describing how it used to be **25**
describing objects - lost property **28**
describing past actions **17**
describing people **22**
describing where you live **11**
diets **29**
directions **4, 14, 24**
discussing plans for the future **17**
discussing sports **30**
discussing the pros and cons of travelling **27**
everyday activities **11**
exchanging goods **18**
exchanging money **6**
excursions and trips **27**

169

excusing oneself 30
explaining how, where something is made 23
explaining what is wrong with an object 29
explaining what objects are for 23
expressing need 8, 18
expressing opinion about work 22
expressing pleasure, sympathy 22
families 22
food 3, 13, 23
getting goods repaired 29
giving information about yourself 1
giving instructions 15
giving opinions about the future 30
giving reasons and excuses for not doing something 29
greeting people 2
greetings for special occasions 22
health 9, 19, 29
holiday, booking a holiday 27
holiday, describing a holiday 17
hotel, arranging accommodation 5
illness - at the chemist's 9, at the doctor's 19
indicating preference 8, 10
indicating preferences 30
introducing family and friends 2
introducing oneself 1
invitations 7, 10
invitations 7, 10, 17
jobs 12, 21, 22
listing what there is / what there isn't 28
lost property 2 8
making corrections and suggestions 24
means of transport 7
nationalities 1 1
occupations 2, 12, 21
ordering food and drinks 3, 13
ordering goods 23
post office 14
preference, indicating preference 10
renting, buying property 15
reporting a break-in 25
reporting an accident 29
requesting a table at a restaurant 23
saying how you feel 21

school 26
services around the house 15
shopping 8, 18, 28
shopping, information about shops 8
spelling words 2
sports 10, 20, 30
stating where you want to go to 4
suggestions, making suggestions 10
talking about regular actions 26
talking about school 26
talking about work and study 21
tastes, asking about and expressing taste 10
telephoning 9, 19, 29
time, telling the time 6
timetables, trains, buses 6
timetables, TV, cinema, etc. 6, 10, 16
weather forecast 17

INDÍCE DE FUNÇÕES E SITUAÇÕES

Os números indicam em quais unidades as funções e situações aparecem

achados e perdidos 28
alojamento 5,15
alugar, vender e comprar imóveis 15
apresentar amigos e familiares 2
apresentar-se 1
atividades diárias 11
banco, serviço de banco 26
bilhetes, comprar bilhetes 4, 7, 30
boletim meteorológico 17
câmbio 6
comida 3, 13, 23
comparar atividades no passado, no presente e no futuro 30
comparar lugares 25, 30
comparar meios de transporte 24
comparar pessoas 30
comparar preços e qualidade de mercadorias 28
compras 8, 18, 28
compras: informação sobre lojas 8
conselhos, dando conselhos 14, 24
consertos 29
conversar sobre atividades 26
conversar sobre escola 26
conversar sobre trabalho e empregos 21
convites 7, 10, 17
correio 14
cumprimentar pessoas 2
cumprimentar pessoas em ocasiões especiais 22
dar a sua opinião sobre o futuro 30
dar informação sobre si mesmo 1
dar razões e desculpas por não ter feito algo 29
descrever atividades do dia-a-dia 11
descrever atividades no passado 17
descrever certos pratos 23
descrever o lugar onde mora 11
descrever objetos 28
descrever pessoas 22
descrever um acidente 29
descrever um lugar como era no passado 25
descrever umas férias 17

desportos 10, 20, 30
dietas e regimes 29
direções e informações sobre lugares 4, 14, 24
discutir esportes / desportos 30
discutir os prós e os contras de viajar 27
dizer aonde quer ir 4
dizer como se sente 21
doença - na farmácia 9, no médico 19
empregos 12, 21, 22
encomendar mercadorias 23
escola 26
escolher um presente 23
escolher uma viagem ou passeio 27
esportes 10, 20, 30
excursões, viagens e passeios 27
explicar como, onde e de que objetos são feitos 23
explicar o que está errado com uma mercadoria, um objeto 29
explicar para que servem certos objetos 23
expressões de prazer, comiseração 22
família 22
favor, pedir um favor 5
fazer uma lista do que falta 28
férias, descrever as férias 17
férias, reservar viagens 27
gostos, conversar sobre gostos e preferências 10
horários: comboios, trens, ônibus, etc. 6
horários: TV, cinema, etc. 6, 10, 16
horas; ler as horas 6
hotel, arrumar alojamento 5
indicar preferência 8, 10, 30
informação, pedir informação na cidade 4
instruções, dar instruções 15
lugar, perguntar onde é um lugar 1
meios de transporte 7
nacionalidades 11
necessidade 8, 18
opiniões sobre o trabalho e a escola 22
pedir comida e bebida 3, 13
pedir desculpas 30
pedir uma mesa num restaurante 23
perdidos e achados 28
perguntar se há um artigo ou produto 3, 8
permissão, pedir permissão para fazer algo 5

planos para o futuro **17**
preferências **10**
profissões **2, 12, 21**
reclamar **3, 15**
relatar um assalto a uma casa **25**
relatar um acidente **29**
reparos **29**
reservar lugar numa excursão ou passeio **27**
saúde **9, 19, 29**
serviços na casa: pintor, eletricista, etc. **15**
sítio, perguntar onde é um sítio **1**
socorro, pedir socorro e ajuda **29**
soletrar palavras **2**
sugestões **24**
sugestões, fazer sugestões **10**
telefonar **9, 19, 29**
tempo; previsão do tempo **17**
trocar dinheiro no banco **6**
trocar mercadorias **18**

VOCABULÁRIO - VOCABULARY

a cobrar - *reversed charge (call)* 29
aberto - *open* 6
abraço (m.) - *hug* 14
abrir - *to open* 6
acabar - *to finish* 10
acabou de começar - *it has just started* 16
acampar - *to go camping* 5
acontecer - *to happen* 19
acordar - *to wake up* 20
açúcar (m.) - *sugar* 3
adivinhar - *to guess* 20
adorar - *to adore, to love* 30
advogado - *lawyer* 26
aeroporto (m.) - *airport* 4
agência ((f.) - *agency* 8
água (f.) - *water* 3
ainda - *still, yet* 16
álcool (m.) - *alcohol* 7
aldeia (f.) - *village* 25
alegre - *happy, joyful* 21
alfaiate (m.) - *taylor* 18
alfândega (f.) - *customs* 13
alfinete (m.)- *pin* 28
alguma coisa - *something* 3
ali - *over there* 1
alojamento - *accommodation* 5
alto - *high* 12
aluguer (P), aluguel (BR) (m.)- *rental; hire* 1
amanhã - *tomorrow* 7
amarelo - *yellow* 8
ambulância (f.) - *ambulance* 9
amigo, amiga - *friend* 2
analgésico - *pain killer* 9
ancas (f.)- *hips* 18
aniversário (m.)- *birthday* 12
Ano Novo (m.)- *New Year* 22
antes - *before* 9
antigo - *old, old fashioned* 11
ao fundo - *at the end, at the bottom* 7
apartamento (m.)- *flat, apartment* 11
apelido (BR) (m.)- *nickname*
apelido (P) (m.)- *surname* 1
aposentado - *retired* 2
apostar - *to bet* 20
aquele, aquela - *that* 2
aquilo - *that thing* 2
armário (m.)- *cupboard, wardrobe* 25
arrombar - *to break in, to force open* 25
arroz (m.)- *rice* 13
arrumar - *to tidy up* 19
às vezes - *sometimes* 10
assadeira (f.)- *baking tin* 23
assaltar - *to break in* 25
assim-assim (P) - *so-so* 10

assinar - *to sign* 6
assinatura (f.)- *signature* 1
assistir - *to watch* 30
assustado - *scared* 21
até logo - *see you soon* 1
atrás - *behind* 4
atrasado - *late* 20
atravessar - *to cross* 19
atualmente - *nowadays* 21
autocarro (P) - *bus* 1
avançar - *to go forward* 24
avariado - *broken* 15
aventura (f.)- *adventure* 12
averiguar - *to check* 15
avião - *aeroplane* 7
avô (m.)- *grandfather* 22
avó)f.)- *grandmother* 22
avós (m.)- *grandparents* 22
azeitona (f.)- *olive* 8
azul - *blue* 8
baixo - *short* 12
banco (m.)- *bank* 1
bandeja (f.)- *tray* 23
banheiro (BR) (m.)- *bathroom, toilet* 1
bar (m.)- *bar* 1
barba (f.)-*beard* 12
barraca (f.)- *tent* 5
barriga (f.)- *belly* 9
batedeira de bolos (f.)- *food mixer* 23
batido (P) (m.)- *milk shake* 3
beira-mar - *seaside* 11
bem - *well* 2
biblioteca (f.)- *library* 4
bica (P) (f.)- *small , strong black coffee* 3
bicicleta (f.)- *bicycle* 7
bigode (m.)- *moustache* 12
bilhete (f.)- *ticket* 4
bilhete (m.) - *note, message*
bilhete de ida - *one-way ticket* 4
bilhete de ida e volta - *return ticket* 4
biscoito (m.)- *biscuit* 8
blusa (f.)- *blouse* 8
boa (f.)- *good* 1
bobo - *silly* 20
boca - *mouth* 12
bodas (f.)- *anniversary* 22
bola (f.)- *ball* 2
bolacha (f.)- *biscuit* 8
bolo (f.)- *cake* 3
bolsa (f.)- *bag* 18
bom (m.) -*good* 1
bomba (f.) - *pump; filling station(P)* 7
bombeiro (m.) - *fireman* 9
bombons (m.)- *chocolates* 13

175

bonito, bonita - *beautiful* 2
bota (f.) - *boot* 8
braço (m.) - *arm* 9
branco - *white* 8
brasileiro, brasileira - *Brazilian* 1
brincar - *to play* 25
brinquedo (m.) - *toy* 8
buate (f.) - *night club* 6
bule de café (m.) - *coffee pot* 23
bule de chá (m.) - *tea pot* 23
busto (m.) - *chest* 18
cabeça (f.) - *head* 9
cabelo (m.) - *hair* 12
café (m.) - *coffee* 3
café da manhã (BR) - *breakfast* 5
cair - *to fall* 19
calça, calças (f.) - *trousers* 8
calor (m.) - *heat* 17
calvo - *bald* 12
cama (f.) - *bed* 5
câmbio (m.) - *foreign exchange* 6
caminho (m.) - *way, route* 7
camisa (f.) - *shirt* 8
camiseta (f.) - *T- shirt* 8
camisola (BR) (f.) - *nightie, night shirt* 8
camisola (P) (f.) - *T- shirt* 8
canalizador (P) (m.) - *plumber* 15
canção (f.) - *song* 20
cansado - *tired* 21
cansativo - *tiring, boring* 10
canto (m.) - *corner* 15
cão (m.)- *dog* 14
careca - *bald* 12
Carnaval (m.)- *Carnival* 22
carne (f.) - *meat* 13
carro (m.)- *car* 5
carruagem (P) (f.)- *coach* 7
carta (f.)- *letter* 10
cartão (m.)- *card* 8
cartão postal (m.)- *postcard* 8
carteira (f.)- *wallet, purse* 28
casa (f.)- *house, home* 11
casa-de-banho (P) (f.)- *bathroom, toilet* 1
casamento (m.)- *wedding* 22
castanho - *brown* 8
cavalo (m.)- *horse* 7
cedo - *early* 14
centro - *centre* 11
cerveja (f.)- *beer* 3
céu (m.) - *sky* 17
chá (m.) - *tea* 3
chamada (f.) - *call* 19
chão (m.)- *floor, ground* 19
chato - *boring* 30
chave (f.) - *key* 5
chávena (f.)`- *cup* 23
chegar - *to arrive* 4

cheque (m.) - *cheque* 6
chocolate quente (m.) - *hot chocolate* 3
chopp (BR) (m.) - *draught beer* 3
chumbo (m.) - *lead* 7
chuva (f.) - *rain* 17
chuveiro (m.) - *shower* 15
cidade (f.) - *city, town* 11
ciências (f.) - *science* 26
cinto (m.) - *belt* 18
cintura (f.) - *waist* 9
cinza - *grey* 8
claro - *light (colour)* 18
classe (f.) - *class* 4
cliente - *client, customer* 3
clube (m.) - *club* 11
cofre (m.)- *a safe* 14
Coitado! - *Poor thing!* 22
colher (f.) - *spoon* 13
colocar - *to place* 15
com - *with* 3
comboio (P) (m.) - *train* 4
começar - *to start* 10
comédia (f.)- *comedy* 10
comerciante - *salesperson* 2
comida (f.) - *food* 10
Como? - *Pardon?* 1
comprar - *to buy* 8
compreender - *to understand* 9
comprido - *long* 12
comprimido (m.) - *tablet* 9
comum - *common, ordinary* 7
conduzir (P) - *to drive* 14
confusão (f.) - *mess, confusion* 25
conhecer - *to know a person, a place* 10
conhecimentos gerais (m.) - *general knowledge* 21
conseguir - *to be able to* 16
constipação (P) (f.) - *cold, flu* 9
constipação (BR) (f.) - *constipation* 9
consulta (f.) - *appointment* 19
consultório (m.) - *surgery* 19
conta (f.) - *bill* 3
copo (m.)- *glass* 13
cor-de-laranja - *orange (colour)* 8
correio (m.)- *post office* 4
corrida (f.)- *race*
corrida (BR) (f.) - *jouney by taxi* 4
corrido - *hasty* 25
cortês - *polite* 12
costas (f.) - *back* 9
costureira (f.) - *dress maker* 18
cotovelo (m.) - *elbow* 9
couro (m.) - *leather* 28
cozido - *boiled, cooked* 13
cozinhar - *to cook* 19
creme-de-leite (m.) - *cream* 8
crespo - *wavy* 12
cruzamento (m.) - *crossroads* 14

cruzeiros (m.) - *Brazilian currency* 3
cunhada (f.) - *sister-in-law* 22
cunhado (m.) - *brother in law* 22
curto - *short* 12
dança (f.) - *dance, dancing* 10
daquele - *of those* 8
dar - *to give*
data (f.) - *date* 1
de nada - *not at all* 1
dedo - *finger* 9
deixar - *to leave* 9
dela - *her , hers* 2
dele - *his* 2
demais - *too much* 18
dente (m.) - *tooth* 9
dentista - *dentist* 9
departamento (m.) - *department* 23
depois - *after, afterwards* 7
depois de amanhã - *the day after tomorrow* 7
deprimente - *depressing* 30
descansar - *to rest* 14
desconto (m.) - *discount* 28
desculpe - *sorry* 1
desejar - *to wish* 3
desempregado - *unemployed* 12
desenho (m.) - *drawing* 26
desenho animado (m.)- *cartoon* 30
desintupir - *unblock* 15
desporto (P) (m.) - *sport* 10
deste - *of these* 8
destruir - *to destroy* 29
Deus - *God* 22
devagar - *slowly* 9
diária (f.) - *price per day at a hotel* 5
diarréia (f.) - *diarrhoea* 9
dias úteis (m.) - *week days* 5
difícil - *difficult* 12
direita - *right* 1
dirigir - *to drive* 14
discoteca (f.) - *discoteque* 7
divertido - *funny* 20
divertir-se - *to have fun* 16
dizer - *to say, to tell* 5
dobrar - *to fold, to bend, to turn* 14
dobrar - *to turn; to bend* 7
documento (m.) - *document* 5
doente - *ill* 21
doer - *to ache, to hurt* 19
dona-de-casa (f.) - *housewife* 2
dor - *pain, ache* 9
duro - *hard* 25
educação artística (f.) - *art* 26
educado - *polite* 21
ela - *she* 2
ele - *he* 2
eletricidade (f.) - *electricity, electric power* 3
elevador (m.) - *lift* 15

em baixo - *below, underneath* 13
em cima - *on, above* 13
em frente - *in front of, opposite* 1
emagrecer - *to lose weight* 29
emergência (f.) - *emergency* 9
empate - *draw* 20
empregado / empregada - *lit. an employee* 3
empregado do bar / do restaurante (P) -*waiter* 3
empurrar - *to push* 24
encanador (BR) (m.) - *plumber* 15
encher - *to fill up* 7
encomenda (f.) - *order* 23, *parcel* 14
encomendar - *to order* 23
endereço (m.) - *address* 1
engano (m.) - *wrong number* 19
engenheiro, engenheira - *engineer* 2
engordar - *to put on weight* 29
entender - *to understand* 9
entrada (f.)- *entrance* 5
entre - *between* 4
entregar - *to deliver* 23
entupido - *blocked* 15
envelope (m.) - *envelope* 8
errado - *wrong* 20
ervilha (f.) - *pea* 8
escocês, escocesa - *Scottish* 1
escrever - *to write* 2
escudos (m.)- *Portuguese currency* 3
escuro - *dark* 18
espectador (m.) - *viewer, spectator, audience* 20
espelho (m.) - *mirror* 25
esperar - *to wait* 14
espetáculo (m.) - *show, concert, etc.* 10
esporte (BR) (m.) - *sport* 10
esquecer - *to forget* 14
esquerda - *left* 1
estação (f.) - *station* 4
estacionamento (m.) - *car parque* 4
estádio (m.) - *stadium*
estagiário - *trainee* 21
estar - *to be* 2
este, esta - *this* 2
estômago (BR) / estómago (P) (m.) - *stomach* 9
estrada (f.) - *road* 4
estrangeiro (P) - *abroad* 27
estudante - *student* 1
estudar - *to study* 10
exausto- *exhausted* 21
excursão (f.) - *tour* 27
experimentar - *to try, to try on* 8
exterior (BR) (m.) - *abroad* 27
faca (f.) - *knife* 13
falar - *to speak to* 9
faltar - *to be missing* 25
fantasma (m.) - *ghost* 21
farinha (f.)- *flour* 8
farmacêutico (m.)- *chemist* 9

farmácia (f.) - *chemist's* 4
fascinante - *fascinating* 30
fato (P) (m.) - *suit* 8
favor - *favour* 5
fazer - *to do, to make* 5
febre (f.) - *fever, temperature* 9
fechado - *closed* 5
fechar - *to close* 6
feio - *ugly* 12
férias (f.) - *holidays* 16
fermento (m.) - *baking powder* 18
fiambre (m.) - *ham* 3
ficar - *to stay* 9
ficar com o troco - *keep the change* 4
ficar pronto - *to be ready* 28
filha (f.) - *daughter* 2
filho (m.) - *son* 2
fim (m.) - *end* 7
fim-de-semana (m.) - *weekend* 16
firma (f.) - *company, firm* 12
flocos de milho (m.) - *corn flakes* 8
folgado - *loose* 18
forte - *strong* 14
frasco (m.) - *jar* 8
freguês / freguesa - *customer* 3
frigideira (f.) - *frying pan* 23
frio - *cold* 3
fumar - *to smoke* 5
funcionar - *to work, to function* 3
funcionário (m.) - *emplyoee; clerk* 12
fundos (m.) - *back* 15
futebol (m.) - *football* 10
galão (P) (m.) - *large white coffee* 3
galês, galesa - *Welsh* 1
ganhar - *to earn* 12 / *to win*
garçom, garção (BR) (m.) - *waiter* 3
garçonete (BR) (f.) - *waitress* 3
garfo (m.) - *fork* 13
garoto (P) (m.) - *small white coffee* 3
garrafa (f.) - *bottle* 8
gasóleo (m.) - *diesel* 7
gato (m.) - *cat* 14
gaveta (f.) - *draw* 25
gelado (P) (m.) - *ice cream* 3
gelado - *ice cold* 3
geléia (f.) - *jam, marmalade, jelly* 8
gelo (m.) - *ice* 3
genro (m.) - *son in law* 22
geralmente - *usually, in general* 19
gerente - *manager* 1
gordo - *fat* 12
gostar de - *to like* 10
gota (f.) - *drop* 9
Graças a Deus! - *Thank God!* 22
grama (m.) - *gram* 8
grande - *big* 11
gravador (m.) - *tape recorder* 15

gripe (f.) - *flu* 9
grisalho - *grey (hair)* 12
guarda-roupa (m.) - *wardrobe* 25
guardanapo (m.) - *napkin* 13
guia (m.) - *guide* 8
guiar - *to drive* 14
guichê (m.) - *till* 14
habitante (m.) - *inhabitant* 18
haver - *there is, there are* 4
helicóptero (m.) - *helicopter* 7
hipismo (m.) - *horse riding* 26
história (f.) - *history* 26
histórica - *historical*
hoje - *today* 7
hora (f.) - *hour* 6
horário (m.) - *timetable* 5
hortaliças (f.) - *green vegetables* 13
hóspede - *guest* 5
idéia (f.) - *idea* 20
igual - *equal, the same as* 8
impedido (P) - *engaged* 19
imperial (P) (f.) - *draught beer* 3
infeliz - *unhapy* 21
infelizmente - *unfortunately* 14
informação - *information* 1
inglês, inglesa - *English* 1
início (m.) - *beginning* 16
inseto (m.) - *insect* 9
insolação (f.) - *sun stroke* 14
interessante - *interesting* 10
interruptor de luz (m.) - *light switch* 15
ir - *to go* 7
irlandês, irlandesa - *Irish* 1
irmã (f.)- *sister* 2
irmão (m.) - *brother* 2
isto - *this thing* 2
já - *already* 16
jantar = *to have dinner* 5
jantar (m.) - *dinner, supper* 5
joelho (m.) - *knee* 9
jogar - *to play cards, games* 10
jóias (f.) - *jewellery* 8
joalheria (BR) / joalharia (P) - *jeweller's* 8
jovem - *young* 30
lá - *there* 9
lábios (m.) - *lips* 12
ladrão (m.) - *thief* 14
ladrões - *thieves* 14
lajota (f.) - *floor tile* 23
lanche (m.) - *snack* 13
laranjada (f.) - *orangeade* 3
lata (f.) - *tin, can* 8
latinha (f.) - *small tin* 18
lavabo (m.) - *toilet* 1
laxante (m.) - *laxative* 9
lazer - *leisure* 11
legume (m.) - *vegetable* 13

leite (m.) - *milk* 3
leito (m.) - *berth, bed* 7
lembranças (f.) - *souvenirs* 8
ler - *to read* 10
levantar-se - *to get up* 19
levar - *to take* 7
lição de casa (f.) - *homework* 20
linha (f.) - *line; platform* (P) 4
liquidação (f.) - *sale* 28
liso - *straight* 12
lista (f.) - *list , menu* 5
litoral (m.) - *coast, by the sea* 11
litro (m.) - *litre* 8
livraria (f.) - *book shop* 4
livre - *free* 5
livro (m.) - *book* 8
loja (f.) - *shop* 6
longe - *far away* 11
longo - *long* 18
machucar - *to hurt* 19
magoar - *to hurt* 19
magro - *slim, hin* 12
mais - *more* 9
mais ou menos (BR) - *so-so* 10
mal-educado - *impolite* 12
mala (f.) - *suitcase* 5
mamadeira (f.) - *baby's bottle* 19
mandar - *to send* 14
manga (f.) - *sleeve* 18
manteiga (f.) - *butter* 3
mão (f.) - *hand* 9
mapa (m.) - *map* 6
máquina fotográfica (m.) - *camera* 14
mar (m.) - *sea* 11
marcar - *to score* 16
marcar hora - *to make an appointment* 19
marcar lugar - *to reserve a seat* 7
marido (m.) - *husband* 2
marrom - *brown* 8
massas (f.) - *pasta* 13
matemática (f.) - *maths* 26
matéria (f.) - *subject (at school)* 21
médico, médica - *doctor* 2
meio-período - *part-time* 12
mel (m.) - *honey* 8
melhor - *better* 4
melhorar - *to get better* 19
menina (f.) - *girl* 2
menino (m.) - *boy* 2
mercadoria (f.) - *goods* 23
mercearia (f.) - *grocer's* 8
metro (P) = metrô (BR) - *underground* 7
meu (m.) - *my, mine* 1
mexer - *to move* 19
mexerico (m.) - *gossip* 2
minha (f.) - *my, mine* 1
minuto (m.) - *minute* 6

misto - *mixed* 3
moderno - *moderno* 11
momento - *moment* 3
montra (P) (f.) - *shop window* 8
morada (P) - *address* - 1
morango - *strawberry* 3
morar - *to live* 11
morno - *warm* 3
morrer - *to die* 29
motorista - *driver* 7
móveis - *furniture* 15
muito - *a lot* 10
mulher (f.) - *wife* 2 ; *woman*
museu (m.) - *museum* 4
música (f.) - *music* 10
nada - *nothing* 3
nadar - *to swim* 5
namorada (f.) - *girlfriend* 2
namorado (m.) - *boyfriend* 2
Não faz mal. - *It doesn't matter.* 22
não - *no* 2
naquele - *in that* 15
nariz (m.) - *nose* 12
Natal (m.) - *Christmas* 22
natas (f.) - *cream* 3
neta (f.) - *granddaughter* 22
neto (m.) - *grandson* 22
ninguém - *nobody* 19
nódoa (f.) - *mark* 19
noite (f.) - *evening, night* 1
nome (m.) - *name* 1
nora (f.) - *daughter in law* 22
nota (f.) - *note; bank note* 6
novo - *new* 11
nublado - *cloudy* 17
número (m.) - *number* 1
nunca - *never* 16
nuvem (f.) - *cloud* 17
Obrigado / a = *thank you* 1
obrigatório - *compulsory* 7
óculos (m.) - *glasses* 12
ocupado - *engaged* 19
oficina (f.) - *garage* 24
óleo (m.) - *oil* 7
olhar - *to look* 10
olho (m.) - *eye* 12
ombro (m.) - *shoulder* 9
ônibus (BR) (m.) - *bus; coach* 1
ótimo - *very good* 12
ouvir - *to listen to* 11
ovo (m.) - *egg* 8
pacote (m.) - *package, packet, pack* 8
padaria (f.) - *baker's* 6
pai (m.) - *father* 2
pais (m.) - *parents* 22
palavra (f.) - *word* 1
paletó (m.) - *jacket* 18

panela (f.) - *saucepan* 23
pão (m.) - *bread* 3
papel de parede (m.) - *wall paper* 15
papelaria (f.) - *stationer's* 8
parada / ponto de ônibus (BR) (f.) - *bus stop* 1
paragem de autocarros (P) (f.) - *bus stop* 1
parede (f.) - *wall* 15
parentes (m.) - *relatives* 2
partir - *to break* 19
partir - *to leave, to depart* 7
Páscoa (f.) - *Easter* 22
passar - *to go by, to pass* 19
passar no exame - *to pass the exam*
passear - *to go for a walk or ride* 16
passeio (m.) - *ride , excursion* 27
pastel (m.) - *pasty* 3
pastilha (f.) - *lozenge* 9
pé (m.) - *foot* 9
peça (f.) - *play* 10
pedaço (m.) - *piece* 13
pedir - *to ask for, to order* 13
pegar - *to take; to fetch* 7
peixe (m.) - *fish* 8
pequeno - *small, little* 11
pequeno almoço (P) (m.)- *breakfast* 5
perceber (P) - *to understand* 9
perder - *to lose* 28
perigo (m.) - *danger* 5
perigoso - *dangerous* 12
perna (f.) - *leg* 9
perto - *near* 4
pescoço (m.) - *neck* 9
pêssego (m.) - *peach* 8
pessoa (f.) - *person* 5
pessoas (f.) - *people* 5
picada de inseto (f.) - *insect bite* 9
piquenique (m.) - *picnic* 24
plataforma (f.) - *platform* 4
pneu (m.) - *tyre* 7
poder = can, may 1
Pois não ? (BR) - *Yes, can I help you?* 3
polícia (f.) - *police* 9
poltrona (f.) - *armchair* 25
pomada - *cream, ointment* 9
ponte - *bridge* 24
pontual - *punctual* 21
por favor, se faz favor - *please* 1
por gentileza - *please* 28
português, portuguesa - *Portuguese* 1
postal (m.) - *post card* 8
posto (m.) - *garage, filling station* 7
pouco - *a little* 2
povo (m.) - *people* 30
praça (f.) - *square* 4
praia (f.) - *beach* 7
prato (m.) - *plate* 13
prazer (m.) - *pleasure* 2

preço (m.) - *price* 5
preferir - *to prefer* 8
prego (m.)- *nail* 13
preocupado - *worried* 14
presente (m.)- *present, gift* 8
presunto (m.) - *ham* 3
preto - *black* 8
prima (f.) - *cousin* 22
primo (m.) - *cousin* 22
professor, professora - *teacher* 2
proibido - *forbidden, prohibited* 5
pronto - *ready* 7
pronto-a-vestir (m.) - *clothes shop* 8
provar - *to try , to try on* 8
público - *public* 6
puxar - *to pull* 24
quadris (m.) - *hips* 18
quadro (m.) - *picture* 25
qual -*what, which* 1
quando - *when* 9
quanto - *how much* 3
quarto (m.) - *bedroom* 5
Que bom ! - *How nice!* 22
Que pena! - *What a shame !* 10
quebrado - *broken* 15
quebrar - *to break* 19
queijo (m.) - *cheese* 3
queimadura (f.) - *burn* 9
quem - *who* 2
querer - *to want* 3
quilo (m.) - *kilogram* 8
rádio portátil (m.) - *portable radio* 23
radiografia (f.) - *X-ray* 19
ralo (m.) - *drain* 15
rapaz (m.) - *young man* 2
rápido - *quick, quickly* 8
rápido, rapidinho - *quickly* 3
realmente - *really* 30
recado (m.) - *message* 9
receita (f.) - *recipe* 8
recepcionista - *receptionist* 1
reclamação (f.) - *complaint* 15
recomendar - *to recommend* 9
recuar - *to reverse* 24
refeição (f.) - *meal* 5
reformado - *retired* 2
refrigerante (f.) - *soft drink* 3
regime (m.) - *diet* 29
religião (f.) - *religion* 26
relógio (m.) - *watch* 8
reparar - *to repair* 28
repetir - *to repete* 1
representante - *agent* 12
reserva (f.) -*booking, reservation* 1
reservar - *to book* 5
resfriado (BR) (m.) - *cold, flu* 9
restaurante (m.) - *restaurant* - 1

resultado (m.) - *result* 20
resumo (m.) - *summary* 1
reunião (f.) - *meeting* 26
rosa - *pink* 8
rotatória (BR) (f.) - *roundabout* 14
rotunda (P) (f.) - *roundabout* 14
roupas (f.) - *clothes* 8
roxo - *purple* 8
rua (f.) - *street, road within a town* 1
ruivo - *red (hair)* 12
saber - *to know a fact* 10
sabonete (m.) - *toilete soap* 13
saia (f.) - *skirt* 8
sair - *to go out* 11
sala (f.) - *living room* 15
sala de jantar (f.) - *dining room* 15
salário (m.) - *wages, salary* 12
saldos (m.) - *sale* 28
sandálias (f.) -*sandals* 8
sandes (P) (f.) - *sandwich* 3
sanduíche (BR) (m.) - *sandwich* 3
sanduíche quente (BR) (m.) - *toasted sandwich* 3
sapato (m.) - *shoe* 8
saudável - *healthy* 30
secretária (f.) - *secretary* 2
seguir - *to follow* 7
seguro (m.) - *insurance* 21
selo (m.) - *stamp* 8
sem - *without* 3
senso de humour (m.) - *sense of humour* 12
sentir-se - *to feel* 9
ser - *to be* 1
serviço (m.) - *service* 7
servir para ... - *to be good for ...* 30
seu (m.) - *your, his, her)* 1
simpático - *nice, charming* 12
simples - *simple; single* 5
Sinto muito - *Sorry!* 3
Sinto muito. - *I'm sorry (for you).* 8
sobremesa (f.) - *dessert* 13
sobrenome (BR) (m.) - *surname* 1
sobrinha (f.) - *niece* 22
sobrinho (m.) - *nephew* 22
socorro (m.) - *help* 29
sogra (f.) - *mother in law* 22
sogro (m.) - *father in law* 22
sol (m.) - *sun* 9
sopa (f.) - *soup* 13
sorvete (m.) - *ice cream* 3
sua (f.) - *your, his, her)* 1
suco de frutas (BR) (m.) - *fruit juice* 3
sujo - *dirty* 15
sumo de frutas (P) (m.) - *fruit juice* 3
táboa para pão (f.) - *bread board* 23
tabuleiro (m.) - *tray* 23
talheres (m.) - *cutlery* 23
tamanco (m.) - *clog* 8

tamanho (m.) - *size* 8
também - *too, also* 2
tarde - *late* 14
tarde (f.) -*afternoon)*1
tardinha (f.) - *evening* 14
tarefa de casa (f.) - *homework* 20
taxista - *taxi driver* 4
teatro (m.) - *theatre* 10
tecido (m.) - *fabric* 23
telefonar - *to phone* 9
telefone (m.) - *telephone* 1
telefonista - *telephone operator* 9
telha (m.) - *roof tile* 23
telhado (m.) - *roof* 25
tempo (m.) - *time* 7
tempo (m.) - *weather* 17
tenda (f.) - *tent* 5
ter (BR) - *there is, there are* 3
ter = *to have* 1
terminar - *to end* 21
terno (BR) (m.) - *suit* 8
terraço (m.) - *balcony* 11
tia (f.) - *aunt* 22
tigela (f.) - *bowls* 23
tijolo (m.) - *brick* 23
tinta (f.) - *paint* 15, *ink*
tio (m.) - *uncle* 22
típico - *typical* 8
toalete (f.ou m.) - *toilet* 1
toalha de mesa (f.) - *table cloth* 23
tomada (f.) - *power point* 15
tomar - *to take* 7
tomar banho- *to have a shower or bath*19
tomar cuidado - *to take care* 14
tomate (m.) - *tomato* 8
torcedor (BR) (m.) - *supporter* 20
torneira (f.) - *tap* 15
torrada (f.) - *toast* 3
torradeira (f.) - *toaster* 23
tosse (f.) - *cough* 9
tosta (P) (f.) - *toasted sandwich* 3
tranquilo- *quiet* 25
transportes coletivos (m.) - *public transport* 30
trazer - *to bring* 3
trazer - *to bring* 18
trem (BR) (m.) - *train* 4
triste - *sad* 20
trocar - *to change; to exchange* 6
troco (m.) - *change* 4
trovoada (f.) - *thunder* 17
turista - *tourist* 4
turístico - *touristic* 11
ultrapassar - *to overtake* 24
um, uma= *one, a, an* 1
vaga (f.)- *vacancy* 5
vagão (BR) (m.) - *coach* 7
vaso (m.) - *vase* 23

velho - *old* 3
vencer - *to win* 24
venda (BR) (m.) - *grocer's* 18
venda - *sale* 28
vender - *to sell* 23
veneno (m.) - *poison* 5
vento (m.) - *windy* 17
ver - *to see* 10
verão (m.) - *summer* 21
verde - *green* 8
verduras (f.) - *green vegetables* 13
verificar - *to check* 3
vermelho - *red* 8
verniz (m.) - *varnish* 23
viagem (f.) - *journey, trip* 4
viajar - *to travel* 10
vidro (m.) - *jar* 8; *glass* 23
vinho (m.) - *wine* 8
virar - *to turn* 7
visitar - *to visit* 10
vista (f.) - *view* 15
vitamina (BR) (f.) - *a drink made of fruit and milk* 3
vitrina (BR) (f.) - *shop window* 8
viver - *to live* 11
voltar - *to come back* 9
xadrez (m.) - *chess* 10
xarope (m.) - *cough mixture* 9
xícara (f.) - *cup* 23

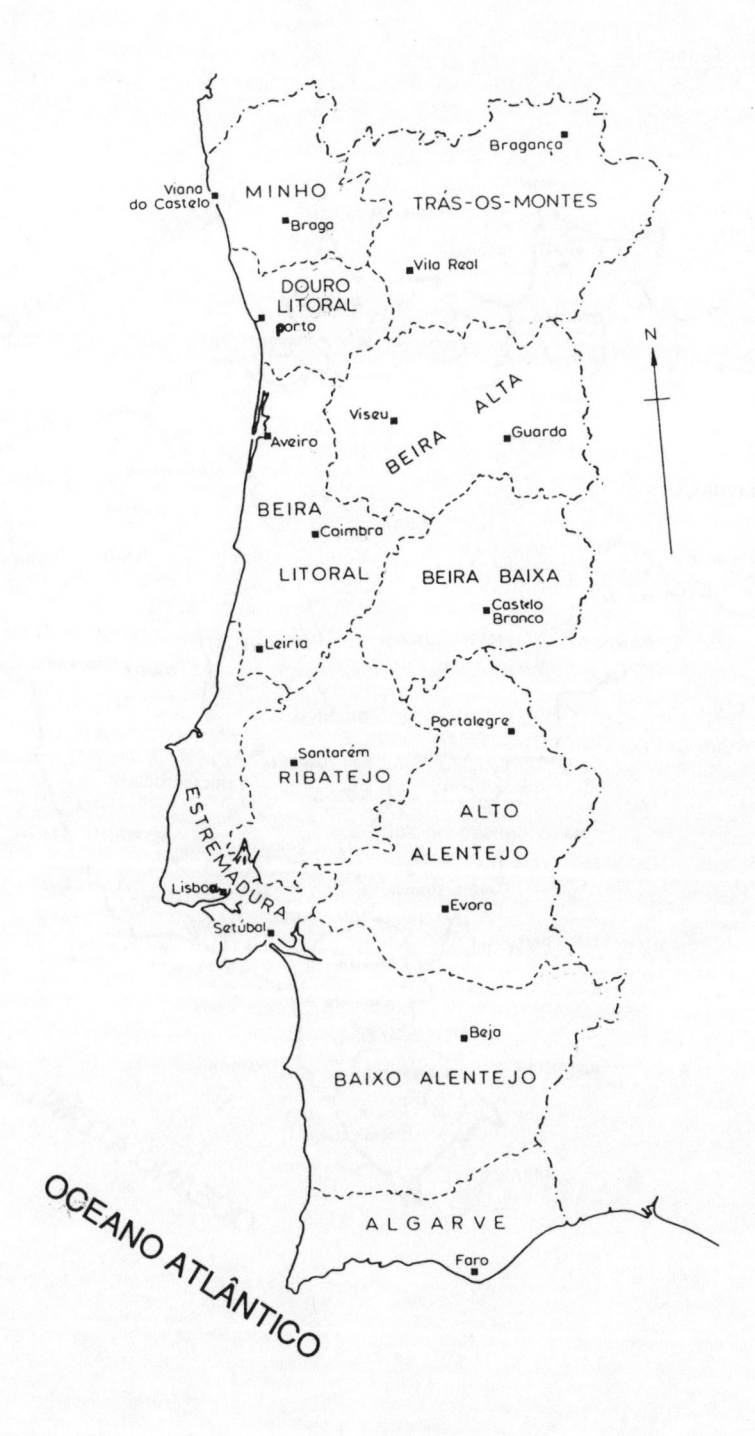

PORTUGAL

BRASIL